Joyful
Life
07

富人
講究

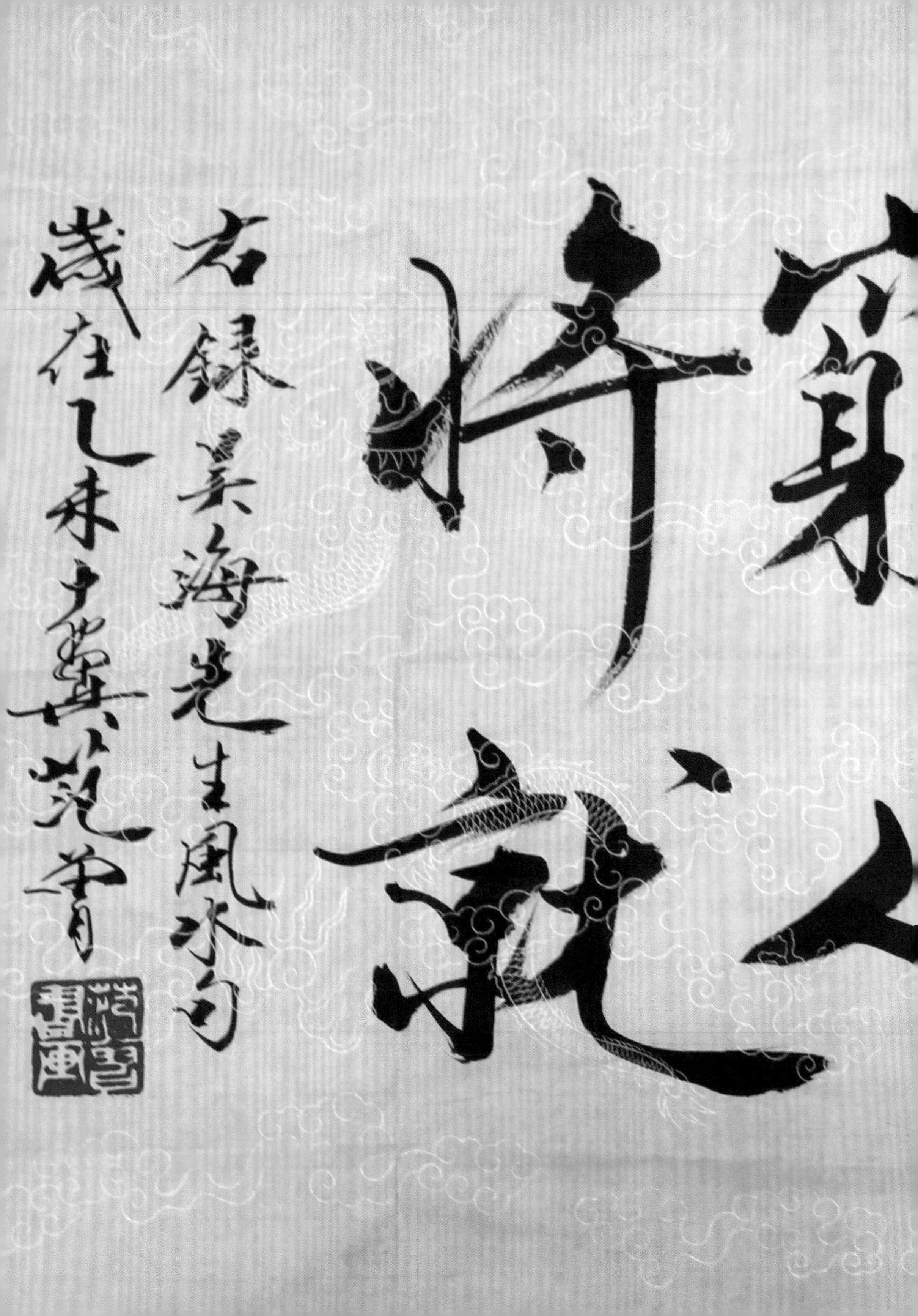
右錄吳海光先生風水句
歲在乙未大暑

Joyful
Life
07

大師風水

# 住對房子 富貴一輩子 2

哇！那麼多真實成功的故事

吳海／著

Joyful Life 07
# 大師風水——住對房子，富貴一輩子❷
## 哇！那麼多真實成功的故事

作　　者　吳　海
內頁構成　李緹瀅
封面設計　林淑慧
採訪整理　李佳靜
主　　編　劉信宏
總 編 輯　林許文二

出　　版　柿子文化事業有限公司
地　　址　11677臺北市羅斯福路五段158號2樓
業務專線　（02）89314903#15
讀者專線　（02）89314903#9
傳　　真　（02）29319207
郵撥帳號　19822651柿子文化事業有限公司
投稿信箱　editor@persimmonbooks.com.tw
服務信箱　service@persimmonbooks.com.tw

業務行政　鄭淑娟、唐家予

初版一刷　2017年05月
定　　價　新臺幣280元
I S B N　978-986-94312-1-7


歡迎走進柿子文化網 http://www.persimmonbooks.com.tw
搜尋 柿子文化
粉絲團搜尋 小柿子波柿萌的魔法書店

～柿子在秋天火紅 文化在書中成熟～

國家圖書館出版品預行編目(CIP)資料

大師風水一住對房子，富貴一輩子2：哇！那麼多真實成功的故事/吳海著. -- 初版. -- 臺北市：柿子文化, 2017.05
面；　公分. -- (Joyful life；7)
ISBN 978-986-94312-1-7(平裝)

1.堪輿

294　　106002483

推薦序

# 金錢買不到的幸福

禾采創藝國際有限公司負責人 李怡樺

人生中，每個人總是扮演著許許多多的角色，身為一位媽媽，希望子女能夠平安健康；身為一位老闆，希望案子能夠源源不絕，事業順利；身為一位妻子，希望能夠與丈夫互相扶持，家庭和樂；身為一位兒女，希望能夠為長輩盡孝……，人生當中有太多太多的希望，不論是為自己，或是為別人。

住在舊房子時，孩子多病，常進出醫院；也遭朋友陷害，案子總在簽約前夕，所有努力化為烏有；家庭隨之而來的不斷爭吵更讓我疲倦，這完全不是我所期待的人生啊！

也就是在這絕望之際，遇到了吳海老師。老師精準地指出舊房子的所有問題，讓我們夫妻倆決定奮力一搏，而在老師的協助下，終於在半年內找到了新屋，更在入住後，所有的狀態都逐漸改善，孩子健康活潑不再經常進出醫院，課業及發展也進步神速；公司事業上也遇到了貴人，案子源源不絕，業績持續穩定成長。但讓我最滿足的是，原本對自己未來的恐懼，在搬家之後也轉為平安與踏實，內心充滿感恩，這是金錢所買不到的幸福。

人生中能夠遇到明師是多麼的難得，三十多年來，載浮載沉的人生，許多事情總是不斷的歸零重來，我是多麼希望可以持續成長不再歸零，如果要我相信有什麼事情能夠幫助我達成這個目標，我想，就是吳海老師直言不諱的風水了。

非常感謝這一路陪我們辛苦看房的吳海老師及夫人。

推薦序

# 吳海老師不可思議的風水學

彰化縣文賀實業董事長 李新傑

在未認識吳海老師前，對於風水學總是懵懵懂懂，總覺得人在出生時就被注定了一生是否富貴貧賤、好或壞。但是，風水真的無法改變人一生的際遇嗎？現在我的想法是，答案是因人而異的。

從我個人的經歷來看，我可以很篤定地說：風水不僅能影響自己的人生，還能改變自己與周遭親人的人生！

非常幸運地，在十多年前經由幾位好朋友的介紹認識了吳海老師，在與老師的交談中，完全被老師那對於風水學的專業及自信所吸引。

尤其是，老師不會用那些江湖術士所慣用的手法和伎倆來迷惑或詐騙我們，反而很直接的用風水學上的專業推論，告訴我們會產生什麼問題，並指導我們如何趨吉避凶，度過不好的難關，進一步改變自己的命運。

這些年來，遵照老師的指導與安排，讓我自己在事業上、家人的健康上，都有了相當大的改變，尤其是我的母親。多虧了老師每年在母親床位的安排上仔細考量，讓我的母親在某些流年走疾病宮、幾次面臨危急時，總能逢凶化吉。在此，誠心的再次感謝老師！

和老師一起走過的這十多年來，親眼看到、經歷許多老師的經驗分享與成功驗證，有時想想，真的是太不可思議了，往往與老師所推論的一字不差，完全相同！

這次真心希望老師出版的書，能夠讓更多的讀者可以分享到老師對風水學的專業，進而了解風水、親近風水，有緣分的更進一步和老師學習如何運用風水學，去營造自己好的磁場、正向的能量與意念，成就好的事情，進而改變自己的未來與家人的人生。

真誠推薦，細心品嚐，改變未來！

推薦序

# 一流的大師風水

宜祿工程公司董事長 邱權樟

風水是一種信仰與緣分的結合，我們夫妻倆與吳海老師結識至今，已將近三十年之久，我們的感情早已昇華成親情了。回憶初識時，我們夫妻還只是公務人員，當時年輕不定性，所以時常在搬家，很慶幸的在一次緣分下認識了吳海老師。而我們為了想讓孩子們有個好的居住環境與學習品質，所以時常請教老師意見，老師也對我的家人始終真誠以待。

多年來，在一次又一次的嘗試驗證後，證實了老師的風水邏輯是正確的。現在，我們夫妻經營自己的事業，與母親及孩子們生活在一個溫暖和諧的家庭裡，四代同堂，全家人身體健康、孩子們事業順利、孫女也靈巧聰慧。

大師風水堪稱一流，真誠感謝老師這幾年來的陪伴與協助，不但我的家庭受惠了，我周遭的好朋友們也得到老師很多的幫助！

我個性海派，熱愛推薦好的人事物，大師風水值得我真心推薦，超讚！

推薦序

# 風水扭轉了我的人生

捷合實業公司總經理 彭永康

有句話說：「成功的人必定很努力，但努力的人不一定會成功。」認識老師以前，我就是努力但不一定成功的其中一位，但認識老師之後，卻改變了我的人生。

我是一位小工廠的企業主，在一段極不順遂、每天追著錢跑的日子裡，老師建議我換個地方，找一塊地打造一間好風好水的廠房，重新來過。當時我心想，明天的票錢在哪都不知道，怎麼蓋廠房？內心幾經折騰，最後還是決定按照老師所說的去做。

老師說：「一旦做出決定，所有的好運及貴人將伴隨而來。」所以，就在老師的鼓勵幫忙下，工廠順利完成並遷入，與此同時，也開始改變了我不一樣的人生。

從四個人的小工廠進展到二十幾個人，而工廠也從一百五十坪發展到千坪大廠房——試想，這其中如果沒有老師精心的安排及關心，我根本無法走到今天這個局面！

吳老師是一位謙虛、自信又專業的風水大師，每每跟朋友聊天，談起吳老師，雖然每個人都有一段故事，卻都有一個共同之處，那就是認識老師前，都曾遭遇過生活困頓及工作事業的心酸，但都在經過老師精闢的「風水學」論述提點後，成就了每個人平安及幸福的美滿人生。

感謝吳老師，希望在未來有更多的人能和我一樣幸運。值此老師新書出版前夕，僅提出我個人獲益的心聲，以表謝忱。

推薦序

# 住到好房子讓我心想事成

十方曾企業公司 曾傳宅

家庭，一直是我人生定位中的第一順位，多方的努力、認真的打拚，就是希望能讓家人的生活幸福美滿。正因為家擁有我最重要的家人，自然特別讓我感觸到它對我的影響力。

一九九九年我們要搬家了，而在一個因緣際會下，我們認識了吳老師，老師為了幫我們找到合適的房子，真的相當地認真投入，不僅讓我們的生意穩定成長，家庭更是幸福、和樂。

十年後，我們擴大了經營版圖，為了住家與公司的共融，便重新規劃了新的落腳處，老師依然是義不容辭，再次幫我們找到很好的地理位置，並且用心、細心地為我們全家人規劃，讓公司在這不景氣的環境中一樣能夠穩定發展，與家人的互動，更是一路平平安安的永續成長。

經常，有朋友問我：「為什麼你的運氣總是比別人好？」我都這麼回答：

「因為我住到了好房子，讓我的磁場改變，凡事心想事成，自然就順順利利，事情水到渠成，機會也就比別人多一些。」所以，不論大環境再怎麼樣不好，只要選對了坐落契合的方位，富貴及正向的能量自然就會跟著你。

能讓身心健康、家業圓滿富足，在這個混亂的世代是非常不容易的事情，在這裡，真的衷心感謝老師這二十幾年來對我全家人的照顧，感恩！

回顧三十多年來的風水之路，足跡已然遍及世界各地，包含北京、上海、東京、新加坡、加拿大等地，期間的進程深化確實讓我心有所感，若以每十年作為一個轉變階段來看，可以說，第一個十年的風水研究我才「始得其傳」，通曉風水的種種學識；第二個十年，我才算對風水「會其旨」，明白風水的精神要義；及至第三個十年，我敢說自己已「窮其變」，不再拘泥形式條文，而能自我變通，看出風水的種種變化，自成一方格局。

二〇一六年對於我而言，是變化很大的一年。因為《住對房子，富貴一輩子》的出版，讓讀者更全面的認識風水的真相，這也讓我有一個新的舞台可以落實自己的理想。承蒙讀者們的愛護，除了這本書的出版，不論是在Line，或是FB、微信等等的媒體上，都得到廣大的迴響。

於是我又再度出版《住對房子，富貴一輩子2》一書，除了要揭露更多的風水真相，也希望透過本書，讓讀者在風水裡看到更不凡的人生風景。這些故事都是我生命中的真實告白，我要告訴讀者的是，風水不只是可以讓我們能富能貴、一帆風順而已，它還蘊含著許多的人生哲理與智慧。

《住對房子，富貴一輩子2》寫出了我這幾年來在風水學裡看到的人生面貌，這些都是真實的人生寫照。很多人對風水能改變人生的說法充滿質疑，甚至用以管窺天的視野去看風水，這樣是得不到風水助益的。研究風水多年來，我始終認為堅定相信風水的態度十分重要，這樣才有辦法理解風水學的精髓，所以我特別強調風水背後的內涵與智慧，無非是要匡正坊間不良的迷信風氣。

這些年，我創造過很多的不可思議，將很多的不可能都化為可能。因為，我孜孜不懈，念茲在茲都是怎樣利用風水學來造福人群，我永遠不會停止我的工作，現在不會，未來也不會，事實上，我還企圖再從風水的研究上，進一步去了解風水和病症的關係，我相信未來一定可以運用風水學去輔助醫學對疾病的作用，並幫助更多朋友遠離貧窮與疾病，畢竟貧症總是相連。

學習風水絕不是一蹴可幾，必須一步一腳印，希望這本《住對房子，富貴一輩子2》能讓你奠基更深厚的風水基礎，並協助你走向人生的康莊大道。未來，我仍然會希望繼續用更深入的方式，和有緣的朋友們持續交流，創造更多的成功者，創造更多的不可思議。

# PART 1
# 風水裡特有的人生風景

- 推薦序 -

## 真實的見證



- Chapter 1 -

## 相信的力量

- Chapter 2 -

## 價值不等於價格



- Chapter 3 -

## 積極、孝順、大氣，才能吸引好風水

PART 2

# 風水的<br>那些年、那些事

- Chapter 4 -

## 發人深省的風水學

# PART 3
# 早知道會更好的風水知識

- Chapter 5 -

## 幸福人生的風水關鍵字



- Chapter 6 -

## 大家都想知道的風水Q & A

# PART 1
# 風水裡特有的人生風景

富人講究
窮人將就

- chapter 1 -

# 相信的力量

# 相信風水，你就有更好的選擇

最近的一、二十年，隨著臺北房價的高漲，市場上興起了一種說法：「既然臺北市的房子那麼貴，不如到桃園地區買，用同樣的價錢還可以買到更大、更便宜的房子！」究竟這種決定是對還是錯？

阿雄的爸爸住在大安區的老宅，一家人雖然談不上富裕，但是收入也維持在水準之上，生活得很安逸、很幸福。十年前眼睜睜看著房價逐漸高漲，就算有喜歡的房子，也總覺得買不下手，就這麼蹉跎著，一年一年的過去，再回頭一看，更是已經買不起了！

不過，其實他們根本不用太擔心，因為老宅也增值、水漲船高了，他們變得更富有了！由於老家的房價漲到很讓人興奮的價錢，阿雄的爸爸當下決定，以一坪七十萬左右的高價把老宅賣掉，然後到桃園地區找了個更大的房子。他們在桃園市買下一棟新穎又寬敞的新房子，當年這房子一坪只要十幾萬而已，更重要的是，老爸手頭上還因此增加了不少現金呢！於是，全家人開開心心的搬到新家去了。

然而，過了好幾年，阿雄一家總感覺運氣似乎不太好，經濟上的壓力也愈來愈大，工作上總是不如意，但又找不到原因。某天來到了書局，看到架子上的拙作——《住對房子，富貴一輩子》，立即買回家認真閱讀，才恍然大悟，也找到了答案。

我說過，臺北市的大安區、信義區附近的忠孝東西路、仁愛路、信義路，松江路，復興南北路、敦化南北路、松智路、松壽路等等，政府早年在市區規劃的時候，無意間將這些路段設在富貴線上，市民們就按照馬路線來建造房宅，數十年來不知不覺的創造了很多富豪名人——臺灣會有今天的經濟繁榮，早期住在這裡的人絕對功不可沒，而這些人背後，還有好風水的相助啊！

然而，離開這裡搬到其他的縣市後，很多房子都不在富貴線上，甚至是在有問題的分金線上建造的房宅，造成了很多人即使很努力打拚，卻天天還要為經濟煩惱，也沒有什麼積蓄，其實這些都是不良風水所惹的禍。阿雄是個很有志氣的年輕人，一知道自家的問題所在，便很勇敢的和父母溝通，企圖改變現況，重新奮進，朝對的方向走，給自己一個機會。

臺北市的住宅區雖然不是每個地區都有好宅，但至少機會增加了很多。人生就是應該這樣，勇敢的力爭上游，才會選擇到更好的，也唯有破釜沉舟的決心，才能住進更好的風水宅邸。

## 風水背後的智慧

風水這個信仰非常自由，不論你是什麼宗教派系，都可以相信風水，絕不會有所牴觸。換句話說，宗教會排斥風水，風水卻可以接納任何的宗教。

不管你的信仰是佛教、道教、天主教、基督教、回教，風水都能接納，只要你真心相信，就會發生你意想不到的奇蹟。

# 身殘志堅最是富有

有一個故事發生在幾十年前：一個身有殘缺的美國人家中遭了小偷，損失了不少財物。他的一位朋友知道了，寫了封信去安慰他，卻得到這樣的回信：「謝謝你的來信慰問，但是我現在心中很平靜，因為竊賊只偷去了我一部分財物，而不是全部，也沒有傷害我的生命……。而且，還好是別人來行竊，而不是我去偷別人的東西……。」

或許，你還聽過其他更多身殘心不殘的故事，這些人可貴的情操，通常比那些有錢又傲慢的人更值得尊敬，我身邊也有一個這樣的例子，她是住在臺北市長安東路附近的林之蓉。

由於之蓉在小時候罹患了小兒麻痺症，所以長久以來，她在工作與行動上一直比一般人來得辛苦，但相識那麼多年了，個子小小的她，總是笑容可掬，一直給人堅強、樂觀的好印象。如今，她可是一家狗狗創意用品公司（宏闊國際有限公司）的老闆呢！

從設計、製造、銷售，她全都包辦，而且她家的狗狗用品不只在臺灣出售，更外銷到美國、日本；幾年前，她還在市區買下一間不錯的辦公室——這樣一名因小兒痲痺症而肌力不足的單身女子，卻能夠不讓鬚眉而有不平凡的表現，真是相當令人佩服。

心地善良、充滿愛心又懂得感恩的之蓉，之前的工作是光碟片買賣，但隨著科技進步帶來的行為改變，大家開始使用雲端儲存，導致銷售量逐年減少，會轉變跑道經營寵物用品，正是在這個時機點上。或許可說是緣分，從未養過寵物的她，二〇一三年在因緣際會下領養了一隻小狗，之後又陸陸續續領養了其他小狗，現在她已是六個毛孩子的媽媽啦！

之蓉的手很巧，常常為狗狗親手製作衣服，於是從二〇一四年起，她開始經營狗狗用品專賣店，兩年下來，經營得可說有聲有色。之蓉的工作能力強，卻沒有一般女強人那種強勢、盛氣凌人的壓迫感，相反的，她就像春天的陽光那般，溫柔地帶給別人溫暖，員工們都與她相處得很融洽。

十多年後，我再度踏進了之蓉的家。當年之蓉接受我的建議買下這間公寓時，我真的很為她感到開心。

這是一棟風水頗佳的房子，坐西朝東，並位於富貴線上。最特殊的是，房子的大門開在南方的離宮上，離方也正巧是這個房子的生氣方。自幫她規劃好室內格局後，這是我第二次來到她家，雖然僅僅是第二次，卻備感親切、溫馨。

這間房子也算是我的成功之作，從事風水工作那麼多年，我始終持續著追蹤、統計、研究的工作，這樣才能驗證自己的風水理論是否正確。對我來說，這是非常重要的一件事，這不只能讓我的風水專業更加進步，也是對自己、對客戶負責——身為一名風水專業人士，這是我對自己在職業道德上的要求。

非常感謝之蓉多年來一直那麼信任、重視我，或許，這就是所謂的緣分吧！她擁有這樣精采的人生，該說是運氣好，還是因為住在好風水的房子裡而注定要富貴一輩子呢？聰明的讀者必定已經知道答案了吧！

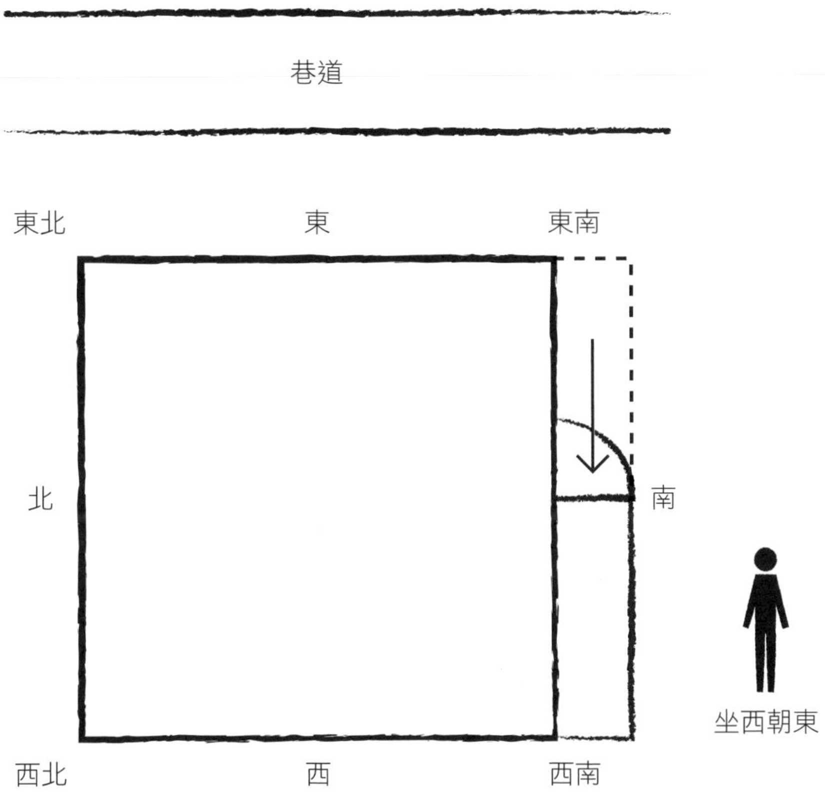


之蓉家坐西朝東，位於富貴線上。她家大門開在南方，正是這個房子的生氣方，風水不錯。

請把風水學當作是一種信仰。如果你能確實做到這點，幾乎九〇%的風水規劃都會產生作用力。人因夢想而偉大，不要怕做夢，夢愈大愈好，不要因為短淺的意識妨礙了偉大潛意識——做任何的事都要放大你的格局，人生道路才會更加寬廣。

如果把它當作信仰，那就會認真去做，也會馬上做，它的效果比起宗教顯著多了，而且影響的範圍很大。

# 好風水帶來好運氣

將房子蓋在好風水上，好運就會來找你，簡單一點來說，就是「錢會自動來找你」。無論之前有多麼不順，或是遇到多大的困難與挫折，擁有好風水，你的運勢就有機會扶搖直上！

我的兩個好朋友，不約而同地見證了好風水帶來好運氣的奇蹟。

其中一位朋友，就是在紹興經營新三印染整廠的肖炳炎先生。這位老朋友不只眼光獨到，還很有遠見，當初一開始要建廠時，即投入龐大的經費，就是為了將相關的環保設備和廠區汙水處理設備做到完善，可說是為染整業樹立起了良好典範。

有這樣愛地球不遺餘力的老闆，我自然是全力以赴地幫他規劃、設計廠房，這一蓋就是五年。

當初，新三印染整廠為了呼應中國政府的政策而準備遷廠，於是在浙江紹興的濱海工業園區買下一塊很大的土地，炳炎先生找我來幫忙他設計廠房，我特地將這廠房定在富貴線上。之後的五年，每個月我都風塵僕僕地前往紹興，光是和建築事務所的討論，就花費了近一年的時間。

為了這間工廠，一行人孜孜矻矻，也挹注了大量資金，然而，就在將要定案的時候，我們的設計轉向了！

原本廠房的設計是坐東北朝西南，但兩年之後，我推翻了自己原本的設計，改成坐西北朝東南——我反覆推敲思考，就是想要借助曹娥江的先天水來增旺設廠——龍門八大局中只有這一局最重「先天水」。

「先天水旺丁，後天水旺財。」財官雙美，是我盡力要求完美的理想。

**風水知識**

**龍門八局**

龍門八局又稱「乾坤國寶」、「正三元地理」，其理論相當注重水的來去方位。當中最有名的代表性風水師，就是唐代世稱「楊救貧」的一代宗師楊筠松。

二〇一五年初，新廠逐漸到位，各項設備漸次完成，工廠開工了，經過了最辛苦的八個月，很不可思議的出現了奇蹟！

二〇一六年過年期間，中國政府嚴令染整業沒有通過環境保護處理的工廠停工歇業，於是，光是浙江省紹興地區就關掉了六十幾個設備不佳的同行工廠，這反倒讓新三印的新廠占了相當大的優勢，不論是對染整價格的定價，或是新進人員的徵用，都非常有利。

好風水與新三印老闆的遠見，讓一個好企業無往而不利，這就是好風水帶來的好運氣。

另一個好朋友的真實故事，就是《大師風水——住對房子，富貴一輩子》提到的文賀實業老闆李新傑的故事（詳細故事見該書頁一八三）。當初我還有一點沒提到，就是他的免洗餐具業工廠在建廠完成起步的時候，正巧當時的臺北市長郝龍斌宣布禁用保麗龍餐具，這又使他的紙器免洗餐具業績有了機會大躍進，這不又是好風水帶來好運氣的最佳見證嗎？

**風水背後的智慧**

有些人表面上相信風水，但骨子裡卻是否認風水的，這樣的人就算想利用風水來幫助自己，也是得不到什麼助益的。

風水也是有潛在意識的——世界上任何的事物都會有潛意識的活動，很多富豪在還沒有發富之前，都有很強烈的欲望認定自己會發富，這種持續不斷的欲望，長期下來會深植在人的潛意識裡，最終幫助他完成夢想。

# 撼動不搖的意志，震不倒的勇氣

臺灣最近的二十年，發生了兩次大地震，一次是一九九九年的九二一集集大地震，另一次則是二〇一六年在高雄美濃發生的大地震，電視二十四小時不停歇播映出來的悲慘畫面，看了令人陣陣鼻酸，至今仍令我感到沉重。

二〇〇六年，在苗栗經營紡織廠的彭董，在日本購置了一款新型的紡織機械。他有意將他的工廠做一次創新改革，這款新機臺可以提供給他不同的思維，彭董這種勇於創新投資及戮力以赴的精神，讓他在業界總是處於龍頭的地位。

彭董的工廠已經相當現代化，整間工廠紡織機械的聲音非常吵雜，幾乎讓人無法在現場說話！這也代表裡面的管理人員很少，卻相當有效率，我常常戲稱他的這些機臺是印鈔機，他只需要躲在辦公室裡數鈔票就行了。

也因為每個廠房都裝滿了紡織機，所以新的機械根本沒地方可安裝，這可是讓他傷透了腦筋！無奈之下，只好籌備在附近先租用一個廠房來安置試機，為了有好風水的廠房可以使用，我請他多找幾個廠房讓我選用。

那個早上，我們驅車在離他工廠大約一百公尺的附近，準備看看這個彭老闆介紹的老舊廠房。就在距離標的大約五十公尺的時候，我先下車用羅盤測量，看看八卦的卦象。它正是火澤睽卦，這個卦象主火盜官災，田宅退敗，人畜不安，是一間我一秒也不想多待的房子。

「彭董，這個廠房大凶，我想我們不用進去了！」

「啊！吳老師！我們還是進去吧！昨天已經約好了，不進去不好意思。」彭老闆的口氣如此真心與誠懇，看得出他是真的想幫助他的朋友。我也隨即轉了個念頭：「既然來了，看看也好。」

才一進門，我看見廠房的地板龜裂得很厲害，隨口就問業主：

「這廠房怎麼地板裂痕那麼大啊！」

「這是九二一大地震造成的。」

這真是很有趣的一件事！彭董的廠房距此只不過一百公尺而已，他怎麼就不會受到九二一大地震的影響呢？地震怎麼只選風水不好的廠房來受害呢？這個案例讓我證明了：好風水會帶來好運氣！那間風水不好的廠房，前一手的業主不論從事何種行業都將無法經營，才會想要租出去。倘若彭董租用了這間廠房，未來勢必也將感覺不順。

天災人禍或許都是命運，起造或買個房子選用好風水，當然可以減少禍害，所以才會時時呼籲大家重視風水的設計與安排。由於上次在高雄美濃發生的大地震死傷非常慘重（二〇一六年二月六日，臺灣南部大地震，高雄芮氏六・四級，臺南市受災嚴重，多處大樓倒塌），災民多數仍處在水深火熱當中，實在不適合談論地震災區風水的好壞，不過這件事也確實證明了，風水的好壞，的確左右了運氣的好壞。

**風水背後的智慧**

好風水會帶來好運氣，這句話是我誠懇的呼籲。

風水不好的廠房，從前一手的業主不論從事何種行業都難以經營就可以看得出。如果當初彭老闆選擇的是距離他原廠房不到一百公尺的廠房，那後果我真的不敢想像。

彭老闆除了天分、勇氣、努力，跟他個人對風水堅定不移的信念也有很大關係。請容我嘮叨的再次呼籲：天災人禍或許都是命運，但起造或買個房子時選用好風水，絕對可以減少禍害。

# 對風水的信念與態度，可以扭轉乾坤

我們常常聽到這樣一句話：「若希望看到世界改變，那麼你第一個必須改變的就是自己。」有些人看似相信風水，卻任性、傲慢、愛嫉妒，對人也相當不敬，這種人很難真的得到風水的助益，因為風水最講究緣分，如果沒有誠心與謙恭的態度，是無法擁有真正的好風水的。

談到對風水的態度，黃董事長兄弟是很好的對照組。他們兄弟倆拆夥至今已經八年多了。黃董的公司和某一國際航空通運集團合作，在宅急便市場業界名列前茅，而弟弟分拆出去的公司卻日漸萎縮。也是由於黃董的弟弟對經營不擅長，無法駕馭「快速」、「方便」、「制度」的企業，以致無法在急速變遷的市場中占有一席之地。

黃董年輕時就非常勤奮幹練，帶領著弟弟一起創業。在草創初期，他們所經營的，不過只是一家地方上的小小貨運行，但經過多年的努力，公司愈來愈壯大，最後發展成中大型的貨櫃貨運集團，專業經營臺灣科技園區保稅電子商品的運送。

八年前，黃董有意將基地工廠遷移到現在的廠址，重新蓋廠遷入，但當時擔任總經理的弟弟總是有很多反對意見，導致兄弟嚴重的不和——這在公司已經是公開的祕密！後來，甚至還鬧到兄弟拆了夥。

黃董相當器重我，無論買土地、建房子無一不找我商量，所以我們經常見面。有一段時間，我們幾乎可說是形影不離，一起去看土地，一起密切討論許多事……。當時，每每在他們公司遇到黃董的弟弟，他都給我一種強烈的距離感，不難感覺出他是在刻意疏遠我。認識時間久了，我愈來愈能意識到他不想開口問我公司風水的問題。熱臉不貼冷屁股，漸漸的，我也就不再勉強自己去跟他提醒一些關於風水上的建議了。然而，我怎麼會不知道他其實是在賭氣呢？

他把我當成黃董的人馬，「大哥用的人我就不用！」黃董弟弟的邏輯就是這樣。他並不是不相信風水，相反的，他很相信風水的力量，只是不願意屈就自己請教於我。其實，賭氣任性只會妨礙自己的前途，地球不會因為某人的賭氣而改變運轉的方向，該改變的應該是我們自己的態度。

縱然知道弟弟有些思想偏差，但重感情的黃董還是很關心這唯一的弟弟，常常希望我也能去幫一下他，但風水非常講究緣分，若他不能懷抱敬人之心，不改變忌妒兄長的態度，將永遠都無法得到風水的助益。風水是一種信仰，態度要誠懇、謙恭、積極，才能得到真正的大師幫助。

### 風水背後的智慧

一個人會不會成功，取決於他的想法——今天我們不論成功與否，其實都源起於自身的思想。

思想是一切事物的動力，也會變成一切事物的結果。如果善於把「固執的心魔」轉化成「包容的慈悲心」，康莊大道將會近在眼前。不要把自己不成功的過錯怪罪到別人身上，畢竟想法不改變，害到的就只有自己。

## 別管命好命壞，人人都有希望

雖然我常說「不要太相信命運」，但有時候算命還是很準的。而我真正的意思是：「命理中如果注定有壞事降臨，此時你的居家風水倘若很好，就有機會改變命運。」

在紫微斗數命盤裡，如果財帛宮在四生宮逢破軍星，在古籍中是被列為最不易聚財的組合之一。破軍星是耗星，主金錢破耗難存，這顆星若是在命盤的四個邊角，就會和武曲財星同宮或會照，兩種狀況都會深化「金錢難以積蓄，花費巨大」的現象，尤其和六煞星同宮，情況會更加嚴重。

## 好風水扭轉了命運

我有很多破軍星坐財帛宮的朋友，其中就有一對夫妻的故事，讓我徹底相信「風水可以改變命運」這句話。十多年前認識這對夫妻時，我發現這位太太的財帛宮就是破軍星和陀羅星在申宮。當時，她和先生一起經營著一間不到三百坪的小工廠，十分勞碌辛苦，但生意始終差強人意，而且賺來的錢總是左手進、右手出。

後來，他們碰上了我，對我的建議言聽計從，態度也十分尊敬。二〇〇二年，我要他們租用廠房旁邊的鄰宅當辦公室，也幫他們的住家規劃了一個大吉的風水。從那時候開始，我就看著他們業績愈來愈旺，還不斷地擴廠呢！二〇一四年，夫妻倆更以七億新臺幣的天價買下他們的第四廠。當他們的顧問十餘年，他們生命的大轉彎，也鼓舞我堅定「相信風水，別向命運低頭」的信念。

## 從家庭式企業到公司人才倍增

另一個讓我再度臣服於風水奇蹟力量的，是上海英倫玫瑰美容集團董事長謝馥伊的真實故事。我剛認識馥伊時，正是她最不如意的時期。

早期，她只是經營著還算小型的事業——「英倫玫瑰」，美容師出身的她，並不擅長行銷，她把自家的產品發放到浙江及江蘇等地，但每次去收帳時，都得面臨嚴重退貨的困境，此外，她身體總是不斷有一些小病痛。我的老朋友阿莉，很關心馥伊的情況，就鼓勵她來找我，看看是否是風水上出了問題？

我到上海時，為了避免到處奔波，其實不想接太多客戶，而是固定擔任幾個企業的風水顧問，但馥伊的親切與誠懇感動了我，而且她多舛的遭遇也實在令人同情。

原來，在創立英倫玫瑰前，她大老遠從浙江安吉的老家來上海打工。她為人踏實誠懇，雖然只是個小小的美容師，卻十分積極，認真又專業，她後來創立的「英倫玫瑰」充其量只是個家庭式小行號而已，連個辦公室都沒有！於是，我決定著手幫「英倫玫瑰」改善裡裡外外的風水。

「風水是一項大工程」。首先，就從馥伊的家著手。我幫她家做了很大幅度的改變，像是風水裡最重要的大門與床位，通通都進行了調整，甚至還要求她改變花圃的位置。

要做那麼多的變動，一般人可能會有點遲疑，此時，阿莉就跳出來扮演貴人的角色，極力建議馥伊一定要聽我的。話說回來，除了接受我的建議，馥伊一時之間恐怕也找不出其他任何辦法，來扭轉自己多舛的命運了。

到了第二年，我又建議她要在外面租用個辦公室，不能為了省下一筆租金，而阻礙了本身成長的機會——家庭式企業成不了氣候，反而會養出因循怠惰的態度，非常不利於企業化的發展。

只是，想要找到一個風水大吉的辦公室，並非那麼容易，而我每個月只來上海一週左右，時間非常有限。然而，皇天總算不負苦心人，幾個月後，我們找到了一個風水極佳的辦公室啦！

在品項眾多的美容行業裡，要與人競爭實在是一件相當不容易的事。不過，我總是秉持著好風水會帶來好運氣和好機會的理念，鼓勵她邁向頂尖，不必有任何的懼怕。我看過很多企業的失敗，都是風水上出了差錯，馥伊的住家和公司風水都在水準之上，我們何懼之有？

我當她公司的顧問三年了！能夠親眼看著她巨大的蛻變成長——公司人才

倍增，產品項目多元化，好機會、好運氣一次次的來臨，真的令我感到十分欣慰。這個月「英倫玫瑰」最新的全國招募會，我還是鼓勵馥伊繼續堅持努力：我們一定會成功，因為不論是住家或公司，我們的風水都是第一流的，富貴成功必定指日可待。

### 風水背後的智慧

風水吉祥，就有成功富貴的機會，我一直認為風水可以改變命運，事實上，這麼多年以來，我也真的幫助很多命中不該有錢的人成功富裕。因此，我常常鼓勵周遭的朋友，千萬不要輕易跟命運低頭——為你的住家、公司規劃個好風水，命好或命壞就可以自己做主了！

## 三分之一的人生在床上

多年以來，我一直強調床位的重要性，這是因為每家每戶的每個床位，都會占八卦方位的其中之一，有一個屬於它的卦象。而我們睡覺的時間就占了我們三分之一的人生，您說它是不是很重要？

## 成功致富，卻罹患重病

一天，我應朋友之邀到臺中市七期的某一棟大樓看房子。我拿出羅盤一測量，就發現這是一個堂局極美的大樓，而且大樓的入口大門也旺山旺向，我立即跟身邊的好友報喜。但更讓我驚訝的是，當我們一起踏進他家時，就發現他的床位也是大吉。這似乎就有點天意了——因為當初他們買下這間房子時，憑的全是運氣，並沒有高人指點，可說是標準的「大富由天」。

只是，人生並不是發了財就沒有煩惱。住在臺北市某一位新認識的朋友，成功致富之後，在信義路附近買了一棟頗有名氣、價格昂貴的大樓名邸，但住進去不到五年就病痛纏身。我這朋友以為有點年齡患有病痛是正常的，但這對風水學而言卻是不正常的，何況朋友不足六十歲，還處於盛年呢！這其實是買錯房子、住錯樓所造成的。

人生在世，任誰都難免犯錯，大樓的高層倘若開錯門，又在退氣方位設床位，就很難避免不患重病了。

## 只換了住家與床位，癌細胞竟消失了

說起床位，我的莫逆之交——老鍾的故事，可說是最經典的傳奇。老鍾和我之間的友情已經超過三十年，不過，他算是我的方外之交，從不跟我談命理風水之學，我們只是常常在一起玩象棋，互相切磋棋藝。

十二年前，老鍾在平鎮買了一間公寓房，事前不曾跟我說起，也不曾問我風水相關的事。直到某一天，我去他的新家拜訪時，拿著羅盤一測，才大吃一驚的告訴他：「這是一棟不能住的房子。」他聽了之後，仍絲毫不以為忤，而當時我的風水知識並不若今日般爐火純青的程度，也無法勉強他搬走。後來，我也因為工作忙碌又常常在世界各地奔波，就漸漸忘了這件事情。

在那個房子裡，老鍾逐漸變得貧困，後來更患得嚴重的血癌，也只能獨自在醫院接受治療。其實，很多人不知道住在風水不好的房子和貧病交迫是有很大關係的。

有很長的一段時間，他天天都在醫院裡插管打針，醫院裡有一些教會的志工天天幫他禱告，乞求主耶穌留住他，畢竟他才五十幾歲，還那麼年輕啊！直到有一天，老鍾實在打針插管到受不了了，不想再過這種宛如活死人的日子，於是他決定放棄治療。

老鍾的女兒說不動他，只好含淚接他出院。他就這樣帶著口罩、手套出院了，靜靜的準備迎接死神的降臨。

說也奇怪，死神似乎不想收留他，他奇蹟似的活了下來！或許是耶穌基督留下了他。從鬼門關前走過一遭的他，經過一年多，似乎重生一般，頭髮烏黑，臉色健康有光澤，一點都看不出曾經是被判定必死無疑的血癌患者。

我發現老鍾之所以會回復健康，有一個很重大的原因是，他住在女兒的家，而且又睡在生氣方，而他之前是住在出卦的房子，當然會窮困潦倒、貧病交迫。因此，我常常會建議遇到很大困難的朋友，若我實在沒時間幫忙，一定要學著改變環境住家試看看，我的好友老鍾就是住在風水不好的地方，才會貧病交迫，倘若治療後又回到原來風水不好的住家，恐怕就不是這種結果了。

幾十年了，最愜意的莫過於和老友一起下棋聊天，他是我最在乎的老朋友之一，他現在健康快樂地活著，這是我這輩子感到最快樂的一件事了。

## 風水背後的智慧

大家都說地球是一個大磁場，那我們的家就是一個小磁場，這樣，房間不就是有個小小磁場了嗎？

所以，不論我們住在哪裡，每天就有三分之一的時間，身體就是在那裡充電。磁場不就是電場嗎？倘若充的是好電，那就會神清氣爽、樂觀積極，待人接物會理性聰敏；如果不幸充錯電，或都是充陽極或陰極，一旦細胞變異，身體也就會運作失常了。

- chapter 2 -

# 價值不等於價格

## 是緣分也是福分

現在的我，肩負著「幫助他人成功、富有、健康」的使命，這是份相當有成就感的工作。一九九八年之後，我幫助過的朋友當中，有很多人的成功、健康比例大增。這些接踵而來的好消息，就如同我找到了打開成功之門的鑰匙！

早期幫助過的一些朋友當中，有一部分人緊緊跟隨著我，他們同時也是家庭、事業表現得最好、最棒的一群人。當時，大部分人都對風水抱著些許的質疑，只有少數人會找我一試——從這點來看，也可發現每個人福緣的厚薄。

## 聽我的話，身價翻倍的好朋友

從西元二〇〇〇年開始，我身邊身價高的朋友愈來愈多，而且還都是翻倍成長的！很多我幫助過的朋友，都會笑說自己「最聽吳老師的話」了——尤其是顧佳斌，幾乎是逢人就這樣子介紹我，他也是「身價愈來愈高」的那群人之一。

如今成就非凡的他，把重心放在回饋社會，利用貨櫃設計出一間間乾淨、整潔的貨櫃屋，送給偉大且充滿教育理想、願意到偏遠地區服務的老師們居住，讓師資可以順利進入落後地區，進而使學生們有更多的機會學習——他慷慨解囊，愛心不落人後，「大城小愛」已經遍地開花。

其實，我身邊還有很多身價愈來愈高的朋友，他們也都常笑稱自己「很聽吳老師的話」。老大徐步盛也是其中之一，他的公司昱盛營造近年來業務鼎盛，辦公室經常貴客臨門！

大家會稱呼步盛兄「老大」，其實是有原因的，主要是他為人大氣，對於周遭的朋友，可說是竭盡所能的照顧，是一個很殷實正派的生意人呢！

十幾年前，老大想要遷建辦公室，於是請託我幫忙找尋好風水的地段。某一天，他找到了一塊地，剛好足夠使用，價錢也很合理，便約我去評估那塊地的風水狀況。

當下，我也覺得這塊建地不錯，步盛兄便決定將它買下，而且很阿沙力的立刻就付了二百萬元訂金。

第二天，我們很興奮的又跑去看新買下的土地，卻突然發現東方有一個水塘——有了這個水塘，這塊地的風水就有問題了，說白了，就是不宜建築成新辦公室。遇到這種事，老大卻連一句責備或不滿都沒有，只是默默買下這塊地另行處理。

之後，我們又開始另覓土地，整整花了一年時間，才找到現在公司的建址，而且真的是一處風水極佳的寶地！

昱盛營造能夠有今日的龐大規模，好風水自然幫助很大，但老大的為人、廣闊的胸襟也是很關鍵的原因，他常表示我的輔佐幫了很大的忙，笑稱我是他的「守護神」。

欸，我可是尊敬他為大哥呢！我身邊有很多信任我、跟隨我非常多年的朋友，這些好朋友幾乎都很成功，家庭也十分幸福美滿，但是風水講究緣分——或許也可以說是福分，能從中得到多少的幫助，就看每個人的積極性了。

## 相信風水，帶來健康與福分

每個朋友對我都很重要，人們會找上我尋求協助，就是基於一份信任，因此我看風水始終不敢馬虎，不允許一丁點出錯，如此才能幫助大家成長又平安。

不久前，在上海工作的陳小姐邀請我幫她看看臺北的住家，正巧碰上我的新書剛上市，是行程最忙碌的時候，只好相約她長假回臺灣時再幫她看宅。

陳小姐的家在一棟大樓裡邊，是坐東南向西北的巽宅。她事親至孝，只要有假、有空閒，都會飛回臺灣陪伴高齡的雙親。陳小姐年逾八十的老爸爸，最近也常常研究我的風水學，書桌上還放著拙作，真是讓我感動不已啊！我看到陳小姐家是巽宅開坎宮門，正是一、四同宮，難怪宅主（老爸爸）那麼好學。

我曾提過，在八運之下，巽宅多寡婦。不過，這「寡婦」不見得是守寡，就像古代的君王自稱「寡」，這裡的「寡」另有女性擁有較強勢的地位之意，所以我們可以這麼說，在陳小姐家裡，陳媽媽應該是主導全家的人，而巽宅裡如果又有一個修養佳的男主人，更可以避免陳媽媽真正守寡的情況。

坐東南朝西北

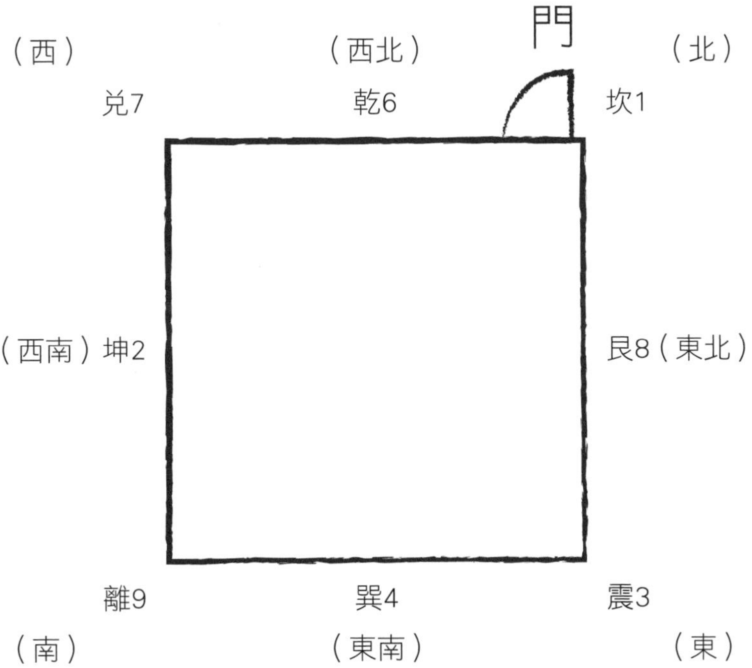


巽宅開坎宮門，一、四同宮必發科名之顯。

雖然陳家其實算是風水佳的巽宅，但陳媽媽卻睡在二五交加的床上，事實上，只要看陳媽媽一眼，就不難發現她身體虛弱，一臉病容。我進入宅內不到兩分鐘，就將陳媽媽的狀況說了出來，並且很詳細的分析，我也在陽臺上，運用一個水波折射的原理，幫陳媽媽調理整個氣場，也指導他們如何改變床位將身體調好，才告別離開。

兩天後，陳小姐傳來的微信告知，媽媽很神奇的睡了兩天好覺。母女倆都感到很雀躍，住進這個房子六年來，她媽媽的身體健康每況愈下，這可是難得的好眠啊！聽到這個好消息，真心祝福老人家早日康復，相信風水會帶給她很深厚的福分。

## 風水背後的智慧

人生在世，短短不過數十寒暑，我並不希望朋友們虛度人生，常常會鼓勵大家勇敢邁向更好的境界。如果不是一流的住家，我都會直言鼓勵換宅，二、三十年下來，真的讓很多人變成功、變健康、變幸福。

正是因為這樣，才會有那麼多好朋友支持我，很感謝大家對我的信任，這得來不易的緣分，我們都要好好珍惜。

# 留千萬財產，不如留個好風水

古人說：「富不過三代。」這是很多人的感慨之言。的確，我們身邊常會聽聞一些暴發戶不到幾年就垮臺了，或是後輩繼承財產就敗光家產的故事。然而，我要鄭重地加以補敘，若能長期重視風水格局，「要富三代、富五代，是可以輕輕鬆鬆的。」

很多人在成功致富之後，就想要買一棟更豪華、更大的房子，但如果沒有專家或高人的指點，便很容易買到風水不佳的房子。

風水磁場是一種波動，在正面的能量中，我們的思考會比較穩定、縝密，相對的就會掌握到較多的好機會。

相反的，如果住家或公司的風水出了問題卻不自知，往往對自己及家人的傷害會很大。

# 背離風水法則的房子，會傷害健康

我在上海看過很多成功又敗落的例子，這些人往往都是成功後買了一個大凶的風水住家而不自知，例如上海新天地的設計師、國際級大畫家——陳逸飛，他在十二年前買下上海浦東的棕櫚泉社區別墅，不幸的是，這是一個大凶的住宅。他的別墅後面有一個玻璃式的木造平臺，這其實是不可以的，在屋後裝設太多玻璃，會變成逆轉型態，是背離好風水的法則，是一個陽離子太濃的房子。陳逸飛在二〇〇五年去逝，那年穢氣病星從西北方飛入他家的車庫大門，讓這個才子畫家在盛年中逝世，令人惋惜。

我還到過上海某一位領導的家裡看過風水，看出他未來將會生病，病後還會遭遇官司。只是他的身分太高，讓身邊的友人不敢向他直言，也不敢相信。不久之後，他到雲南旅遊時突然心臟病發，隔年，因貪瀆案件而入獄。

這兩個真實案例都是因為風水出現「逆轉」而致敗，甚至傷及生命。紫白訣云：「三遇七臨生病，那知病癒遭官。」奉勸各位朋友，不可不慎選風水。

# 留下一棟大凶豪宅，再多財富也無濟於事

說到大凶的豪宅，還有一個很令人難過的真實故事。我曾經幫一位王老闆看他的高級豪宅，但他聽不進我的諫言，結果不到兩年就撒手人寰了。

五年前的六月，大眾世紀的許董央請我去幫王老闆看一看住宅。王老闆的豪宅坐落在環境優美的湖濱旁，湖水湛藍如綢緞，四周草木扶疏，別墅更是蓋得富麗堂皇，景觀之美，會讓很多人一眼就愛上這裡。

這是一棟坐西南向東北的坤宅，大門開在北面，王老闆很愛這棟豪宅，對這棟豪宅花了很多時間與心思。然而，以我多年看風水的經驗，當下就覺得這房子不妙，立即清楚明白的請王老闆要立刻搬走，否則後果將不堪設想。因為，從巒頭看景觀，它也是背離了風水法則。此外我還發現，接下來兩年對王老闆都很不利。因為新的一年，穢氣星就會飛到北方，而主人的床位也設在房子的北方，這是一個「雙殺」的格局。再隔年，五黃又恰好飛西南方，而豪宅的爐灶就設在西南，這對健康會造成極大的影響。

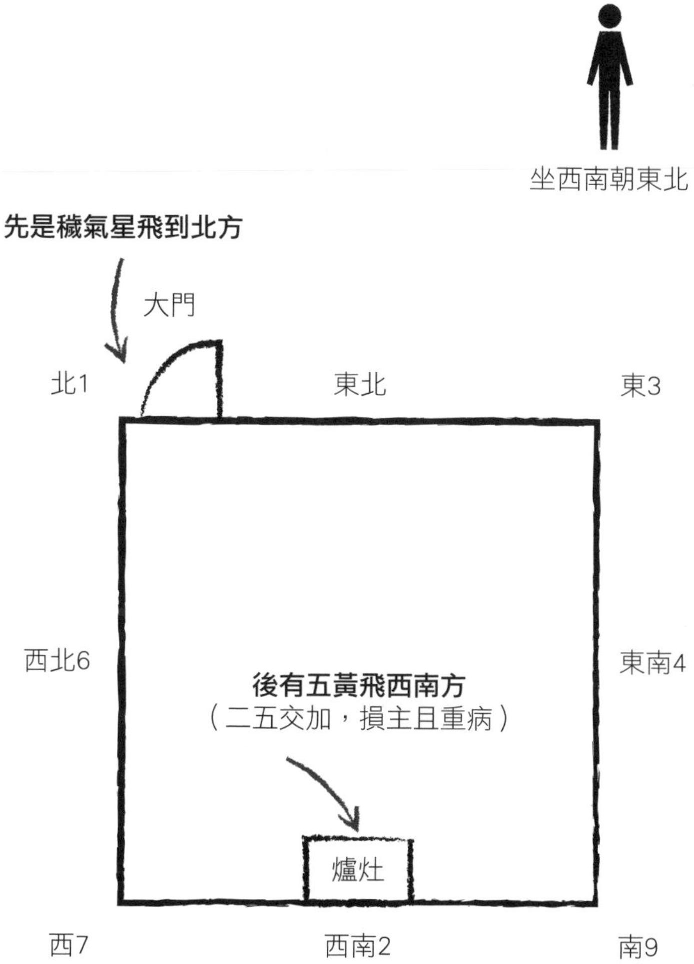


豪宅風水不一定好，不吉的風水讓王老闆的健康走下坡。

無奈的是，王老闆根本就捨不得離開，也不知風水的重要性。交淺不言深，我也很難勉強他，只能祈禱對方福分足以躲過這個關卡，後來我也漸漸忘記這件事情了。幾年後，有一次和許董吃飯時，談起王先生的家人在醫院一角談論著他身後的財產分配的紛擾事件，他的兒女還因為爭財產及爭那棟豪宅而起了爭執，真令人無言以對。

### 風水背後的智慧

房子的風水若好，可以招來好運氣，可以有爭氣上進的兒女，可以有健康的家庭，也會帶來事業的順遂，此外，好風水還可以遠離病痛……。這些，都是我呼籲大家要重視風水的原因——千萬別忘了，留好風水給兒女，比留財富給兒女更重要。

# 華麗的房子容易讓人誤入歧途

很多人都羨慕富人可以飛黃騰達，然而，其實有很多富人私底下常常憂心年關難過——僅有表面風光的富豪，其實不在少數，但這都可以從住家風水看出端倪。許多原本發富的人，富裕之後就想買更大的別墅、豪宅來住，卻沒想到新家風水有問題，一旦住了進去，問題就可能接踵而來……。

不久前在日本逛超市、商場，看著那些琳琅滿目、光鮮奪目的食品，我不由得發自內心的感到折服。日本人銷售任何一件商品，對其包裝、陳設都非常認真又用心，吸引著顧客的目光，然後不自覺地乖乖掏出鈔票買下。很難想像，自覺優秀的日本人自一九九〇年後，竟然長達二十多年都在景氣蕭條的陰影下度過，走在百貨公司二樓以上的樓層中，常令人有門可羅雀的冷清感。

這讓我想到紫微斗數的二種格局——火貪格、鈴貪格。此二者都是紫微斗數的上上格局——貪狼星和火星、鈴星同宮，就符合這種容易「突發」的格局，那些得到彩券高額獎金的幸運兒，就是屬於這種命格的人，這種人才會有機會得到高達數億元以上的意外之財。只是，這種的格局也容易突發突敗，而日本，似乎就是在一九九〇年突發後漸漸走向經濟通縮的局面，繁榮昌盛不再。

事實上，一個人若住在風水不好的房子裡，這種現象其實就會更為明顯。

我看過太多有錢人都有這種突發突敗的命運，尤其是在上海，這種現象真的很明顯。每每到上海，都會看到一些讓我膽戰心驚的房子，而且當中有很多都是很豪華的高級別墅。這些風水大有問題的昂貴別墅，大都只有有錢人才買得起，只是這些人若真的住進去，那就要開始走向衰敗了！

## 小心那些住不到兩年就急著拋售的房子

有一個例子是這樣的，一對夫妻想趁著房市下跌的好機會選購一棟價錢公道、風水又好的房子，而來找我幫忙。為了達成心願，他們倆在炎熱的天氣下東奔西跑，仍一點兒都不覺得勞累，後來他們在市區的豪宅區看中了一戶裝潢得十分漂亮又大氣方正的房子，積極地催促著我去幫他們做決定，我看得出他們很喜歡這間房子。

我在接到他們的電話時，就先向他們拋出一些疑問：「你們去看這間房子的時候，屋主還住在裡面嗎？」「這棟房子裝潢時，花了很多錢嗎？」

聽完他們的回答，我簡單做出了一個判斷：「嗯，這間房子很可能是個風水不吉的房子。」不過我還是答應親自跑一趟，陪他們一起去看房子。

我不否認，這棟房子經過非常用心的裝修，一看就知道設計師的功力非凡，也看得出來主人的品味一流，而且三面採光極佳，室內相當明亮。這是很多人一見就會愛上的房子，何況它是單獨一戶一電梯，隱私性非常好。不過，主人花那麼大的心思裝潢房子，幾乎可以說不計成本了，卻住不到兩年就想要賣掉，你認為他是怎麼了？買中古屋，花千萬做裝潢，裝潢好卻要賣房子，為何呢？

我們在看房子時，這是可以初步評估的一個重要觀察點。一般而言，有實力的富人並不會隨隨便便出售自己所住的房子，他們不需要藉由賣房子來求現，何況房子和他是有感情的，通常不會本人還住在裡面就要賣房子。

## 不得安寧的零神氣坤宅

這對夫妻看上的房子，是坐西南向東北的坤宅，而且三面臨路。「三面臨路」在風水上是不吉祥的，代表「零神氣」——混亂難以聚氣，屋宅的主人不得安寧。尤其住坤宅的人，大多非常小氣愛計較，長年觀察下來，八九不離十都是這樣。

再從八卦的度數來看，這間房子也不及格，有點接近「反城門訣」三小

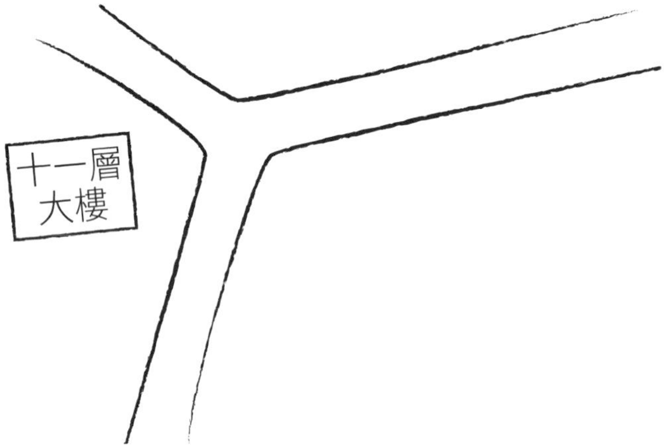


三面臨路的住宅「零神氣」，住在裡面的人常不得安寧。

卦，代表屋宅主人會愈住愈窮，毫無成功的機會。華麗的房屋常會讓人誤入歧途，買房子、住房子是人生大事，一棟房子動輒百萬、千萬，甚至是億萬，而且還影響家人的健康，財運與事業，一點兒都馬虎不得，大家不能光從裝潢等因素就隨便出手，買棟房子卻害死自己的案例，在社會中可說不勝枚舉，小心才能駛得萬年船哪！

**風水背後的智慧**

我個人並不是那麼贊同算命，就是因為看過很多「好命的人垮了，平凡命的人後來卻一帆風順」的真實案例，但這也說明住家風水的重要。我認為，魔鬼總是藏在失誤裡，一個人太過富裕、人生太過順利，常常就很容易忽略細節，導致突發突敗的故事一再上演，希望大家可以引以為惕。正確的態度，應該是愈富裕地位愈高，要更為謙虛多禮，更要多讀書，交比自己更棒的朋友。

# 奇蹟見證二十五年

邱權樟夫妻倆非常熱心正直，我們相交已經近三十年了。小邱認識我時，還是個服務於平鎮市公所的小職員，如今卻已經是個大老闆了。他和他賢慧的老婆李梅蘭是見證我所經手的風水案例最多的人。能夠相信一個風水師長達二十年以上，真的是要很深的緣分，他們在認識我之後，至少見證過數百件不可思議的故事。

那年，總是對風水存著好奇心的小邱，約我去臺中看看他朋友陳先生買下的新房子。

那是一棟無法調整風水的大樓，整棟大樓的車輛都從陳先生家的房間下面通過，這犯了風水學的大忌，何況分金線也不吉祥，我判斷前屋主必定是窮困潦倒而離開的。

我還記得到陳先生家時，他七十歲的父母親切的要泡咖啡請我們喝。過門不入可不是我的作風，老人家一生中沒見過幾個風水大師，為了不讓老人家失望，我還是進去坐了個一刻鐘。

## 看出會罹患癌症的風水，改大門可避開煞星

從事風水這個職業，進入一間房子，我總習慣打量一下四處的環境。在沙發上坐了一會兒後，我便很直接的提出建議，希望他們家的大門最好要改一下：「這種大門會罹患癌症。」陳先生和他父母聽了，什麼話也沒說，但把改門的事問得相當清楚。之後，我們隨即跟兩老告別，而陳先生則帶我們外出吃飯。

回程的路上，陳先生突然開口說：「我媽媽確實曾經罹患癌症。」當下讓負責開車的小邱（邱權樟）大吃一驚，滿臉寫著不可思議，好奇的急問我說：「大師，你是怎麼看出來的？」我進一步表示，陳先生的母親應該是二〇一〇年罹患癌症的，原因很簡單，那一年病符星入了中宮，沖撞到大門，必定主宅母多

病，符合「二主宅母多病，黑逢黃出鰥夫」這個條文。最後，陳先生聽取我的建言改了門。

有些人遇到困難卻不會求救，也不敢告訴他人，但這其實會失去很多改善的機會。倘若陳先生當時沒有求救，就失去改門的機會，那麼三年後煞星再來一次時又該怎麼辦呢？人命關天，這可不是開玩笑的事情呢！

## 不聽勸告，喪命於壞風水的住宅

另外一個案例的案主也姓陳，我們姑且稱他為陳總，陳總在平鎮開了一家高爾夫練習場。這位陳總不幸也罹患肺癌，小邱熱心地介紹我去陳總家看風水格局時，心裡頭便立刻冒出這個想法：「這真是一個大凶的格局。」我一推算就發現，未來三年內他都不宜住家裡：第一年煞星飛大門，第二年又飛到床位，第三年則是飛到爐灶。他若繼續住在家裡，大概會在第三年大難臨頭。

因為這樣，我勸他要立刻搬到別的地方住，無奈一時之間找不到房子，所以就勸他在高爾夫練習場找個房間住下來。陳總按照我的話做後，身體就漸漸好轉了，只是高爾夫球場太吵雜，客人往往到十一點都還不離開，讓他住得很不習慣，我便勸他可以繼續找間合適的房子租來住。只是，陳總化療後身體的狀況不錯，他仗著自己身體感覺慢慢變好，漸漸的就把我的話當耳邊風了。

他或許是覺得我太堅持了，所以就去找了另一位風水師，這位有問題的風水師授意他可以搬回去，於是他就高高興興的搬回去了，他不知道的是，此程回去其實是赴死的啊！我一再耳提面命，如果再搬回去很可能就沒救了。果然，他搬回去後沒多久就離開了人世。

## 親眼見證，更加重視風水

以上兩個故事都是小邱夫妻親自見證的。二十五年來，他們夫妻倆幫我介紹了最多的客戶，也邊觀察、邊見證了非常多年，我慶幸自己每件事都通過考驗。感謝他們一直以來對我的情誼，我們之間的友誼是非比尋常的。

我常說小邱夫妻一家能有今天的幸福富裕，是自己給自己的福分。他們介紹很多朋友給我，當然也見證我的風水學是很有價值的學問，所以一家人對我幾乎是言聽計從，相當敬重，從買地、建宅、設計、創業、找辦公室，一直到最近改造祖墳，幾乎都是透過我的安排，很單純的信任我。如今，不論是他們的成功富裕，以及其兩子繼緯、繼正的優異表現，我都認為那是理所當然的。

### 風水背後的智慧

在臺灣，眾所周知，臺灣房屋公司是一家非常有制度、信譽第一、受人信賴的房仲企業，也是經常為社會付出善舉、貢獻良多、受人肯定的好公司。不到三十歲的邱繼緯所帶領的團隊，在仲介市場最低潮的二〇一五年，用最高的士氣勇奪年度的集團總冠軍，真的是可喜可賀。我想要強調的是，好風水的房子不只能夠增加財富，也能讓一家人和樂、積極、上進——這也見證了「好風水必出好兒女」的事實。

# 有修為的風水師不會說不實在的謠言

我和一位年輕朋友聊天，他有一位經常去諮詢的老師，這位老師，算命、卜卦、姓名、風水等等通通包。這一類型的老師，兩岸三地到處都是，其實並不奇怪，然而我們要注意的是，五術命理之所以常被質疑，其實是因為很多人本身不夠專業，卻表現出樣樣都懂、樣樣都會的樣子，這就容易出紕漏，表現出「專業不足」的現象了，甚至有人利用五術命理及風水之名散播一些危言聳聽的錯誤知識。

一天，在電視上看到某位民俗專家談到一個不實傳言，心中掙扎了很多天，決定也來談談這件傳說已久的往事。

那位民俗專家在電視上說：「當年，李登輝委託人斬斷了林洋港先生的龍脈，以致林洋港無緣承擔臺灣總統的大位。」

一、個人以為謠言應該止於智者，以當年李登輝的聲望，黨政軍大權在握，他不必也不會做這種事，這是其一。

二、有修為的風水大師，絕不可能為任何人提供不當的建議，也不會做有違良心的事情，就算有人許以重金欲求謀害他人，我相信沒有任何一位真正的風水師會賺取這種不義之財。行為不端做了壞事，將可能換來一生一世的自責，那是何其之重啊！只有笨蛋才會去做壞事。

三、如果李登輝真要斷他人龍脈，難道就不怕別人也來斷他的龍脈？何況你向強人提供了謀害他人的建議，強人難道不怕你反過來謀害於他？

我認為這位民俗專家所說的事，應該是好事之徒胡扯騙人之為，只是個不實在的傳聞！事實上，他還曾經說：「郝柏村現在住的房子，被李登輝拿了某某東西鎮住。」只要仔細想想就可以知道，李登輝當時黨政軍大權在握，需要如此大費周章嗎？

這些民間好事之徒所編撰的故事，建議大家千萬不要相信。有修為的風水師，絕不會輕易被重金禮聘收買；真正高明的風水師，大半具有菩薩心腸，也絕不會去做這種不道德的事情。

近半年多來，我一位企業界的朋友，因為遷移祖墳一事導致家族內兄弟不合而傷透腦筋，遲遲無法擺平。就算如此，我這位為人坦蕩正派的朋友，在整個祖墳建造的過程中，依然一心一意只想完成祖父的遺願，從來都沒有為己謀利的私心，亦不曾要求我做有違良心的設計——企業家之所以是企業家，必有其風範，絕不會做昧於良心之事，尤其是和家族有關的事情上，更會在行止之間表現出其泱泱大度，令人敬佩。

一個有修為的風水師，只會幫這種胸懷大度、有大格局的人做事，是不食嗟來之食的，至於那位民俗專家，我只能遺憾的說，他所說的話，只是更加突顯他自己對風水的愚昧與無知罷了！



風水不是唯心論（憑感覺看你喜不喜歡），也不是唯物論（例如擺貔貅、擺水晶洞），而是唯氣論，唯氣論涉及的理論太深太廣，在這裡篇幅有限，難以詳述。

風水學是老祖宗留下來的瑰寶，歷朝歷代原本高人就不多，它的訣法非常複雜奇妙又奧祕，也是被保密最嚴格的一部分，倘若不得其法門，縱使聰明蓋世如神通，也不得其門而入。

# 好風水可興隆家道，還能庇蔭子孫

能夠買到一流的風水好房子，幾乎就可以確定未來必定有前途。

好風水的房子並不多，但一間好風水的房子，不只會帶來財富，還會帶來好脾氣、讓身體健康、促進夫妻感情良好；好風水有好的磁場，也能讓兒女積極上進，所以我們可以這麼說：「住到好風水，必定家道興隆，子孫昌盛。」

我上海的一個老朋友說，最近公司給了他一棟房子，風水格局非常巧妙，而且這房子恰巧是我之前路過時就非常好評的大吉房子，那是一棟不多見、屬於「上山下水」旺山旺向的好房子。

我這位朋友事親至孝，每一次一起吃飯，他都帶著老岳父一起來。他的岳父患有老年痴呆已經許多年了，卻也同我們一起乾杯，那反應有點遲鈍的臉龐上，總是掛著一絲絲幸福的微笑。我們一桌人每次聚會用餐時，都很開心地吃飯聊天，洋溢著和樂融融的氣氛。

## 祖墳風水好，就會兄友弟恭

我朋友工作很忙，經常在外面出差，幫他四年多以來，其實很難聚在一起吃飯。最近幾次飯局，都可以看到他另外兩位哥哥，兄弟間情誼深厚，兄友弟恭，令人羨慕。

我直言不諱的告訴好友，未來他必定會被拔擢升遷。其實，在一家人才濟濟的大型集團公司工作，人事競爭暗潮洶湧，要升遷其實並不容易，但我卻相當看好他的前途。

我說這話，並不是沒有根據的。好友三兄弟的感情非常融洽，這可以證明祖墳風水應該也很好——雖然我不曾到廣東看過他們家的祖墳，但從兄弟感情來反證祖墳良好，也是一種判斷法。

因為從風水學上來看，父祖陵墓一旦有誤，影響所及，往往會令兄弟不合，要不然就是兄弟之間有人早逝。這種判斷通常非常準確，是我長期統計驗證後的一條經驗法則。

## 從福地福人居，到此宅必出狀元郎

某天，我到臺中去看一個很有福氣的朋友，那是一對年近六十歲左右的神鵰俠侶。

夫妻倆在臺中朝陽科技大學附近蓋了一棟大樓，專門出租給學生，總共一百七十間，他們光收每個月的租金，就相當可觀了。

這棟大樓風水出奇的好，雖然是巽宅，卻是頂尖的格局。進入大樓，便可以發現該大樓管理得有條不紊、井然有序，居住的學生們身上也充滿著一股正向好學的朝氣。

我朋友就住在這棟大樓的頂樓，這正是福蔭了別人，也福澤了自己。蓋個吉祥的房子給別人住，自己也住在好風水的房子上，就算是收租金也收得很安心，這就是標準的「福地福人居」。

他們的兒子在外地很上進的工作，而且表現優秀，從很年輕的時候就沒有依賴富裕的父母，這也就是我常常說的「此宅必出狀元郎」的概念。

父母的住宅和兒女的房子，其實是互相有某種無形的關聯，而且是一種很難解釋的關聯。

「此宅必出狀元郎」這句話，請朋友們仔細去想想，也就是如果你的住家風水很好，也會福蔭子孫，將來某年某月的某一天，必定會賀客盈門來府道喜，這也是我常常很重視且談及風水智慧時的層面。

**風水背後的智慧**

風水非常講究孝道的一脈傳承，如果祖家風水不吉，兒孫在外的成就也會遭受它的影響，反過來說，如果父母居家風水大吉，那麼此宅必出狀元郎。

大家想想，歷朝歷代的狀元郎榮光回鄉時，鄉民們興高采烈，敲鑼打鼓放著鞭炮迎接狀元，而狀元老母微笑含淚迎著愛子的一幕，這些只是我們看到風光的外在，真正背後的原因，就是此宅必出狀元郎的效應，也就是好風水帶來的結果。

- chapter 3 -

# 積極、孝順、大氣，才能吸引好風水

1 積極可以改變命運
2 大氣與成就
3 孝子多富人
4 一片孝心帶來好風水
5 從八十五元到八．五元
6 只有勇敢轉變，人生才有新希望
7 主動熱情，靜待好運來臨
8 自己為自己找到好機會

# 積極可以改變命運

多年前，那時我剛懂算命，有一天看了自己的命盤後，真是一陣沮喪，有一段很長的日子我幾乎想放棄未來，因為紫微斗數的書中記載著，我的財帛宮主星是「湯澆雪」——財運如湯澆雪，人生還有什麼希望呢？

後來接觸風水學才漸漸領略到，一個好風水的住房，可以改變命運的缺失。因此，我常常鼓勵朋友，不論遇到任何困難，都不要氣餒，有時候，說不定搬個房子好運就來了。

請記著：上天只給積極的人好運！

幾年前，順儷建設的新開發工地舉行開工典禮，現場貴賓雲集，來了好多順儷的股東和合作廠商，都是認識好久的老朋友。看到老朋友真的很開心，平常大家各忙各的，要聚在一起還真是不容易！

當中出席的兩人——米子和順儷建設總經理許長順，都是我多年的故交好友。他們倆的房子都是經過我的設計與安排，能夠一起出席順儷公司的開工典禮，顯然現在事業都很成功、很順利。

## 汽車小業務因為相信風水而買了地

說起米子和許總，他們倆人還有一些故事呢！許總在十多年前還沒創業時，是米子在TOTOYA汽車公司的主管，那時候，她只不過是小小的汽車業務員而已。當時，他就熱心地介紹她跟我認識，而米子因為相信他、相信我，就很有誠心地央求我幫她找個有好風水的房子。

在竹北市，我們千辛萬苦、東奔西走的找房子，一直經過了超過半年才定案下來。

當年，米子還談不上有財力，她買下了一間四百萬左右的高層公寓，而我將米子的房間特別安排在紫白訣「二八旺田園」的方位上。經過十幾年，她竟然買房又買地，儼然成了一個財運亨通的富人。

## 找對老師住對房，好運來相隨

米子在竹北市的房子讓她的財運相當旺，不出幾年，就由低階的汽車業務變成較為高階的賓士汽車業務。此外，她還在桃園高鐵附近經營一家餐廳，經營得有聲有色。而且，只要順儷建設推出銷售的房子，她都會買上一兩戶，不到幾年，身價就隨著房價的高漲而晉身多屋族。

大約八年前，許總的父親和叔叔各買了一塊地，準備自建自用三幢透天住宅。許總的爸爸和叔叔已經確定要蓋房子了，但他先請我去看那塊地的風水，我一看就告訴他：「你還年輕，命卦上不宜在這裡蓋這間房子，因為這塊地還不夠好，我希望你能找一塊更好的土地用來做住家。」

可以想見，我的建議讓他很震驚。當時我們倆在附近的湖邊散步，結果就在附近三百公尺處發現了一塊好風水的寶地，我指著那塊地說：「如果你可以買到這塊地，那你就有福了！」

許總可不是傻瓜，他就是信任我，立即上網看看這塊地是誰的，沒想到竟是「國有土地」，但他並不死心，仍經常上網瀏覽，看看是否有機會可以買到這塊寶地。又過了一陣子，政府因為要在附近蓋高鐵的設施，便把那塊地釋放出來。這是個大好時機，但許總手頭並沒有多餘的錢，就把原先我說不要蓋房子的那塊地售出，來買我說的好風水那塊地。

事後，我才知道，原來許總賣出的那塊地，是米子用兩百萬買走了。米子因為信任他，當時連那塊地在哪裡都不知道，就把錢匯進了許總的戶頭，結果許總因為買了好風水的地而身價倍增。

至於米子，她雖然買了地，但沒去那附近蓋房子，還是住在竹北那間好風水的房子，她不只買了這塊地，還又買了另一棟房子（維多利亞）呢！米子曾經告訴我：「大師，不瞞你說，剛認識你的時候，我手頭只有兩百多萬，現在我已經擁有好幾間房子，你真是我的大恩人。」

紫白訣裡有一句話：「二八相逢，田連仟陌。」早年不似今日經驗豐富，我確定她住進那間房子後會很好運，至於能好到什麼程度，我也是抱著實驗的心態。如今，米子已是個小富婆了，日子過得很精采愜意，常可看到她的身影出現在買房、看房的場合裡，這都是因為她住在富貴線的房子很多年了，現在的她善於理財、懂得感恩，很會經營自己的人生。

## 風水背後的智慧

你要相信好風水可以心想事成，如果把你很喜歡的事物強烈的輸入腦子裡，且持續不斷的輸入，最後你就會有機會達到目標，例如一部車子、一棟公寓、一家公司……，你現在擁有的一切，都是你曾經做過的夢，這個夢是大是小，和你的慾望恰恰會成正比。

如果你的夢有風水助益，將更有機會美夢成真。風水學就如同一顆明珠，給予人們另外一個機會完成人生的理想，但你必須要相信，並堅持相信，它才會顯現不可思議的力量。

# 大氣與成就

上海青浦的兩位朋友緊緊跟隨了我近十年了，他們有很多共同特徵，對父母至孝，對兄弟至情，篤信佛法，敬重師長，重美食但偶爾吃素，樂於助人。如今，他們去朋友的家裡，都可以料事如神——能跟隨老師十年不變、不現實，才叫有資格入我的門下。

我的風水學能夠到達這個境界，首先要感謝四面佛菩薩的保佑。一個學問的成熟必須要有很多因素的結合，來到上海青浦是因為很多因素的共同結合，才能讓我進入更深度的悟道。佳斌的大氣是讓我留在上海很重要的因素，他看事的眼光都很深遠，花錢態度大方慷慨。

會來到上海的青浦，真是要有很深切的緣——可以說，我的風水學是在青浦真正成熟的。

## 從沉重經濟壓力蛻變到有智慧、眼光獨到的富人

我的好朋友，上海鳳翔開發公司前董事長——顧佳斌。他剛認識我的時候，常常為了資金問題而煩惱。原來，十五年前他有一大塊土地，上面共分割成兩百多個小區，邊賣土地的同時，也蓋一部分的房子拿來出租用——他當時想要把這些房子蓋在馬路邊，當店面出租，沒想到房子蓋好以後，全部都租不出去，空蕩蕩的，宛如一片廢墟。

雖然顧先生在認識我時面臨這樣的窘境，但仍重金禮聘我。我發現他在那一大塊地的中宮蓋了別墅住（看過《大師風水——住對房子，富貴一輩子》的朋友，就知道中宮是不能住人的），就建議他擇地移居。

後來，他聽了我的建議搬到上海佘山一個風水絕佳的好居所。接著，不可思議的事情發生了，上海地鐵計畫延伸到朱家角，一路延伸到他佳邸社區的門口，他在那社區總共有三十五間房子，每一間都以五十萬人民幣出租，這樣的天價，你聽了會不感到不可思議嗎？

## 集大氣、孝順、慈善於一身，榮登中國最有名的慈善家

我遇過很多企業家，賺來的資金都是獨享，但佳斌卻是相當無私，很有智慧。我常常認為他今天有這樣的財富都是應得的。首先，他對父母至親至孝，對兄弟的照顧更是無微不至，兄友弟恭，也是一段佳話。無論他的工作有多忙碌與辛苦，逢年過節都會抽空從上海到溫哥華與父母、兒子團聚。同時，他也相當尊敬、關心曾經提拔他的長官，有一次他發現長官得了重症，就非常誠懇地來拜託我一定要幫他。

別人總是只看到佳斌的財富與成就，卻忽略他的內涵。原本他是鳳翔開發公司的董事長，後來毅然決然離開房地產業，全心致力於慈善事業。財富已經不能帶給他真正的幸福感，二〇一五年，他創始「大城小愛慈尚會」，默默地耕耘慈善事業，為他人的幸福奔走不遺餘力。他真的是一個睿智、有愛心，懂得取之於社會，用之於社會的企業家——能幫助這樣一個大人物，真的感到榮幸。

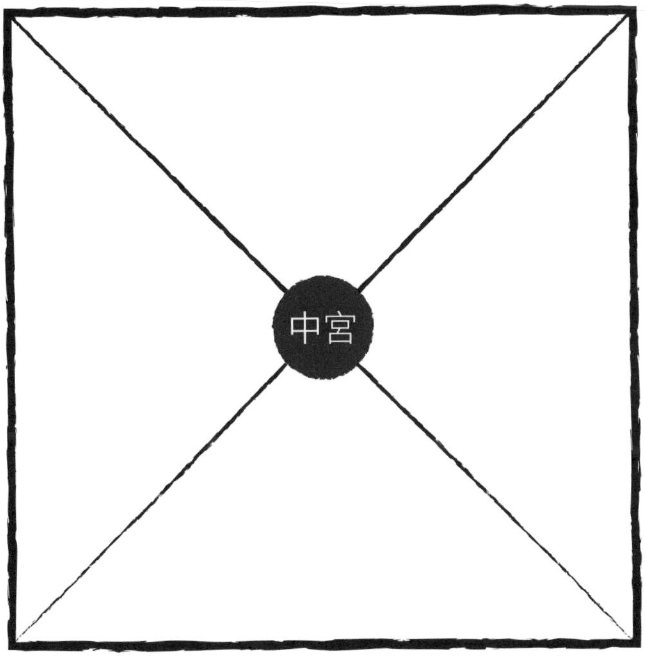


睡不要睡中宮，蓋房子也不要蓋在土地的中宮哦！

如果要用「偉大」二字來形容佳斌，實非過譽之言。他不只將慈善當成一種最快樂的事情，並且在弘揚佛法上也是貢獻良多。如果說佳斌有什麼缺點，我可以說他唯一的缺點就是年輕、多金、才華洋溢，使得紅粉知己也多吧！

二〇一六年，六月七日胡潤百富研究院攜手公益組織大城小愛慈尚會發佈「大城小愛慈尚會二〇一六胡潤慈善榜」，顧佳斌就榮登一百名中國最慷慨的慈善家，真的相當了不起，也很不簡單。

## 傲慢與利用，是不會得到風水助益的

反過來說，如果一個人不懂得謙虛，為人吝嗇小氣，就不會有大成就了。

上海的一位藺老闆，用高價買下了朱家角附近一棟頗大的別墅，很巧合的約了我幫他看看正在裝潢的豪宅。

很多有錢人的想法，都只是想要炫耀他的眼光有多好、買多大又多豪華的大別墅，而不是真的想請求高人指點。他聽不進實話諍言，更不會善用風水師，偏偏我又是那種實話實說的人，看他態度傲慢，所以我只是冷冷的告訴他：「這棟房子大凶，別裝潢了。」至於聽不聽，那就是他自己的事了。

兩年過去後，輾轉聽說藺老闆惹來官非跑路了，很多人在意氣風發時不認為風水有多重要——富裕時人總是「一朝得志，語無倫次」，爆富後傲慢的心態導致事事自以為是，不懂謙虛，以致事業失敗甚至財富敗盡，這又能怪誰呢？

### 風水背後的智慧

要成大器需大氣，大氣能開闊心胸、提高眼界並促進人際關係，吸引好的緣分，這點在風水上也一樣，一個胸襟不寬，不夠大氣的人，是很難得到風水的助益的！

# 孝子多富人

好風水必須有很多的好條件加在一起，這種安定的能量可以平衡陰陽，對婚姻、對親長有絕對的穩定作用，因此，好風水可以減少憂慮、增添財運。可以說，人生任何好事，有很大部分都起源於好風好水。在這當中，風水與孝道的關係相當密切，長年重視風水，懂得孝親，好風好水才會與你相伴。

古人說：「寒門出孝子。」我從不曾看過有人提出相反的意見，其實在我的認知中，「孝子多富人」可能更為貼切些。或許是因我的工作使然，往往都能和朋友們的家庭成員建立深厚的情感，和客戶的父母兒女往往也像親人一般，即使很久沒見面，一旦有機會相聚，總能很快的熱絡起來，我想，這就是人與人之間的信任吧！

會說「孝子多富人」，其實是我的有感而發，至少我很多的朋友當中，例如顧佳斌、李新傑、邱權樟、邱繼緯、許長順等人，都是這樣的。這是我在與他們長久的交往中得到的深刻體悟。

來說說阿傑的故事好了，二〇一四年，阿傑媽媽仙逝，這對他是很沉重的打擊。媽媽自十六年前中風，就長年臥病在床，沒有再起來走過路了。俗語說：「久病無孝子。」這句話放在阿傑身上，卻是完全不適用。十六年啊！那是多麼漫長的一段時間，對一個家庭來說，家中有這樣一個長年臥病在床的長輩，又是多麼沉重的負擔呢？老人家每隔幾個鐘頭就得翻身一次，其生理、心理等等方面都必須完善處理，這真的是相當不容易。

十五年前，我到彰化幫阿傑看風水時，他的工廠還只是小小一間，現在可是成長了至少二十倍，在臺灣業界應該也是屬一屬二了吧！阿傑對我信任有加，我們的感情就是這樣建立起來的。起初的幾年，我和阿傑媽媽不熟，但後面幾年，我也會走到她老人家的床邊握握她的手，或是聊聊天，不知不覺中拉近了彼此的距離——或許，我也是她老人家心目中的老朋友了吧！

老人家過世後，一次在阿傑家看到她的照片，眼淚幾乎要奪眶而出，只能強忍著，不敢失態，我想，阿傑私下應該不知哭泣過幾次了！那陣子，他醫院、工廠兩頭跑，身體著實瘦了一大圈，實在令人心酸不捨。

寒門或許真的多孝子，但富人中孝子應該比我們想像的要多更多，更貼切地來說，懂得忠孝的人，就有機會成為富人。我前面提過的幾位朋友，他們在十幾年前都不是富人，但他們的本質都很孝順、顧家，最後個個都成為富裕之人。

聰明的讀者，你知道要如何致富了吧！

### 風水背後的智慧

深刻又孝親的人，也必定常常關心思考著長上。這個長上就不只是父母了，還包括著上司、同事等身邊的人，這種微妙的關懷往往會表現在生活的細節裡頭，在必要的時候它就會產生力量，也可能會變成不可思議、甚至扭轉乾坤的力量。所以，孝順的人做任何事情都能迎刃而解，要致富就比較容易了。

# 一片孝心帶來好風水

工商發達的現代，讓許多人只懂得汲汲營營於功名利祿，現實無情的人為數不少。因此，我極重視朋友們的態度，倘若態度有異，捧錢千萬也將無人理睬，在這當中，孝親是千古不變的風水定律之一。

漢慶的第二個品牌——「米蘭磁磚」門市部，已經在桃園大興西路成立，真是期待他的生意興隆，這五年來，我們攜手邁向成功，真的感到相當欣慰。

上天體恤孝子，讓孝子飛黃騰達，並不是沒有道理的。漢慶常常一大早就將媽媽種的菜送來家裡，新鮮翠綠的蔬菜，看起來十分可口，最重要的是，裡面還蘊藏著漢慶的一片心意——這可是遠從宜蘭老家送來桃園的自家栽種有機蔬菜，開車回去一趟再趕回來，至少要花費三小時呢！

我很珍惜漢慶的體貼和老媽媽種菜的辛苦，古人有云：「誰知盤中飧，粒粒皆辛苦。」知道農民的血汗與辛苦，對漢慶和老媽媽這種精神就格外敬佩。

漢慶自己是做磁磚相關的生意，工作相當忙碌，卻依然相當孝順。因為擋不了勤儉持家的老媽媽在鄉下老家種菜，又怕無法賣得好價格，於是就主動說要買下這些菜帶回桃園賣，希望讓她能賺點錢，覺得自己這把年紀還是能自食其力，進而找到存在的意義。

不過，漢慶把這些菜帶到桃園後，總有不少是送給身邊好友品嚐，那可真的是有機栽植的好菜，完全沒有噴灑農藥，還能感受到漢慶關懷母親、關懷大地、關懷好友的忠厚性格。漢慶是桃園地區頂尖的磁磚大型經銷商，讓他賣菜，我們都知道他這是「孝菜」，不吃會對不起他的。

五年前，許總請我幫漢慶看看公司和住家，那個傍晚，我到桃園經國路看他的豪宅，經仔細確認後，我請許總先迴避，然後就直接開口問了。

「你住在這個新家多久了？」

「快五年了。」

「哦！那你是苦五年嘍！」

《大師風水——住對風水，富貴一輩子2》，吳海/著

©吳海「富人講究，窮人將就」／中國名書畫家 范曾 書法題字

玄空風水用來斷驗的口訣，是以它的房子起造來配運，而漢慶這間房子，則犯了「鬥牛煞」——紫白二、三飛星同臨，就是鬥牛煞，主人丁口舌而且破敗錢財。當然，也有人試圖化煞為權，但這間房子不可能更改，只好請夫妻倆另外尋覓吉宅。

人生數十寒暑，歲月不饒人，一晃就是十年，我不希望好朋友虛耗人生，所以常會鼓勵他們勇敢邁向更好的境界，如果不是一流的住家，我都會直言鼓勵換宅，這二、三十年來，因此讓很多人變成成功者、富人，才會有那麼多的好朋友支持我，其實我也很感謝大家信任我，我和漢慶的緣分就是這樣建立起來的。

**風水背後的智慧**

反骨是慣性，孝順也是一種慣性，常常心懷感恩的人，才會擁有成功的慣性，這種慣性會讓周邊的人樂於幫助你，理由很簡單，我們不是常常說「人在做天在看」嗎？是的，時時刻刻，上天其實都幫我們記錄人生，你的意念與行動，都會影響著你未來的人生。

# 從八十五元到八·五元

有一句老掉牙的話叫做「日久見人心」，卻相當的有道理。不只人要經過時間才能了解，事情的變化亦如此。所以，我常常勸導朋友做人一定要大氣，要懂得用人，看事物要深遠，要記住我常常說的那句話：「看你如何對待小人物，就知道你是不是大人物。」

奮發上進、樂於助人的阿全，在某一次的機緣中介紹了B和C君給我。

十二年前認識B君時，正是他意氣風發、志得意滿之際，當時他的公司正準備要上市。四十歲左右、青年才俊型的B君董事長，搭上臺灣科技業的成長列車，在當時的確是人人稱羡的傑出人物。

從很早以前，我就告訴過B君，說他在臺中工業區的工廠風水有問題，但在當時，他對我的態度十分輕率隨便，總是找理由推諉，像是他們總經理不相信風水等等。此外，B君是一個喜歡利用別人的人，當初我去看完他的工廠之後，他也沒有依約定好的方式去做。

我不是一個喜歡阿諛奉承的人，既然我的真誠建議他不予重視，事後對我小氣又冷淡——這種人短視近利，難成大氣，我也就不想再幫下去了。

他是我認識的第一位上市公司老闆，卻是輕輕將我放下、毫不重視風水的老闆，因為很少互動，所以，我從來也不去看他公司的股價，有一天看了一下，還真是讓我嚇了一跳，「從八十五元到八・五元」就是它的寫照。

另一方面，十幾年前認識C君時，他的公司規模還小。這位C君，不只待人親切，也很會用人，後來，不論公司或是住家，甚至是他漂亮的別墅，都是我的設計傑作。為了尋找好風水蓋他的公司大樓，當時我們可是花了近兩年的時間尋找呢！這塊公司寶地啊！當年可是一塊空曠的廣場，如今想要停車，已經一位難求了！這幾年C君的公司成長實在讓人驚艷，他這位董事長還購入一部勞斯萊斯，新車到港時甚至引起附近一陣騷動。C君的成就是有目共睹的，這些都是因為他的知人善用、重視風水，才能夠創造出那麼風光的局面。

人生漫長，會遇到的朋友非常多，若想成就非凡，一定要有識人之明。人與人的交往必須懂得拿捏分寸、進退有據，這樣才能坦步向前，你說是嗎？

## 風水背後的智慧

有個專業的風水顧問很重要，這就好似為「代理商」和「過路客」服務的差別。我們雖會為「過路客」服務，但會認真做好的也只那麼一次；但面對「代理商」可就是另外一回事，我們的關係是長年性質的，就像是老朋友般，你常常會記掛著他，想著關於他的人、事、物與家庭，想到某件事該注意，就會拿起手機隨時提醒他，如此一來，我們和「代理商」的往來也就更加密切，對彼此的了解也會較為深入，進而較能關照到每個層面。這兩者之間，真的很不同！所以我常常說：「風水是價值，不是價錢。」千萬不可以存著利用的心理，那是會因小失大的。「待人以誠福自來」不就是如此嗎？人之沒出息，往往是想法上近利，而產生沒出息的結果。

# 只有勇敢轉變，人生才有新希望

人生不必害怕轉變，倘若設立工廠三年五載都不賺錢，這一定是風水出了問題，但大部分的人都不知道問題就出在工廠的風水上，所以要常常自我檢驗，不要害怕轉變。

臺灣的小型加工廠非常多，處處可見一百坪上下的小廠房，這些小老闆也非常勤奮，可以說臺灣數十年的經濟發展史，小型加工廠功不可沒。

驅車進來這間工廠，在門口就因為職業習慣瞄了一下GPS導航系統。它的入口門有問題！但在還沒有確認前，我決定還是謹慎看清楚再說。歷史上風水的學派相當多，有一派的看法是以八八六十四卦的門和六十四卦的主（房子的坐向）或灶（廚房的灶）來搭配，看它的相生或相剋來論斷，具有經驗的學者，用這套方法來判定，其實也非常準確。

停好車，短短三分鐘，我請教新認識的趙老闆。

「你在這裡設廠多少年了？」

「喔！超過十年了！」

「實話說，你這個廠那麼久了，但我認為它不會賺錢。」我的話很直，就像一把隱形的刀刃，直接刺在他的心頭上。趙老闆神色看似冷靜，但內心應該頗為激動，這個工廠從東面入廠，這個入廠房的方向在八運裡必定艱困——因為和大運令星相剋了！

嚴格來說，這間工廠並不是一直不賺錢，只是每進財必定有所損，就算今年很賺錢，明年就會有筆較大的支出，十年下來，感覺上就是難以積存。其實，從風水來看，往往廠房不對的同時，也會使得住家出現問題，也就是一個人在運氣不好時，總會有屋漏偏逢連夜雨的遭遇。

趙老闆的工廠，由於場地太小，因而難以更改移動，所以我建議它另尋他處移廠。搬遷他處——不論是租廠或買地——花費當然不小，但如果不離開這裡，就算再奮鬥十年，也只是幫房東打工而已。

既然十年下來都沒有積蓄，那就應該要有所覺悟，才會有光明的未來。風水有問題的地方，就像有某一種不知名的力量在拖累著，讓人不能動彈，雖然說來很玄，但唯有改變、有勇氣突破現狀，人生才會擁有新希望。

### 風水背後的智慧

玄空風水擁有極為準確的理論性，它的實用性常常讓人感覺不可思議，被稱為「活易學」，它不是唯物論，也不是唯心論，而是「唯氣論」，所以，它沒有任何的猜測或迷信的成分，所以玄空的高人，看宅論屋幾乎可以鐵口直斷不會錯誤。

# 主動熱情，靜待好運來臨

沒有人天生就是大人物，現在的大人物以前都是小人物。因此，不論什麼事，就算遇上了挫折，都要有一份熱情及單純。

銘祥的7-ELEVEN商店準備要擴大據點，所以約我幫他看看，裝潢的時候應該注意些什麼？

十年前認識銘祥和庭瑄的時候，他們夫妻只是日商汽車公司基層的銷售業務員。那個時候我往來的朋友，大部分都是公司所長級以上的長官，而當時他們夫妻倆的薪資都很微薄，然而，我在營業所喝茶的時候，他們經常都會主動熱情的跟我打招呼。

後來，銘祥打算離職，想要轉換跑道去開設7-ELEVEN便利商店，央請我幫助他設計店面，所以九年前我就指導他如何將他們的店用在最好的位置上。

雖然之後我們就很少聯繫了，但是阿輝生病過世的那段日子裡，他們傾全力幫助阿輝一家人，如此對朋友講義氣的舉動，給了我極為深刻的印象。

年輕人創業很不容易，尤其是白手起家的人，更是戰戰兢兢，但是這次在店裡見到銘祥與庭瑄，我卻看到他們的自信與感恩。他們的店生意頗為興隆，是很穩定的一家店，但他們自信卻不驕傲，從庭瑄的很多言行中，都可以看到敬愛與感謝之心。

沒有人天生就是大人物，現在的大人物以前都是小人物。因此，不論什麼事都要有一份熱情及一份單純。風水尤其講究緣分，它是一種信仰——一種需要長期去注重的信仰。

我早年在做風水實驗的時候，也曾經非常沒有自信，甚至有過退出轉換跑道的念頭，後來幫助過又獲得成功的朋友不斷的冒出來，才知道自己的風水學是正確的真理，進而建立了信心。

現在成功又富裕的人，在成功的路上應該都經歷過很多的波折，每個挫折也都會讓人壯大成長，就是因為人生很多挫折，成功才更值得珍惜。

每個人的命運都會經歷十年大運的轉變，例如三十四歲至四十三或四十四歲至五十三歲等等，大約都在二十四歲、三十四歲、五十四歲、六十五歲的正負二歲間轉換命運，有人愈轉愈好，但是也有人走向負向。然而，我還是勸大家別太在意命運軌道在那年會改變，而是要保持積極、熱情，並時時把自己的風水做好，靜待好運的降臨。

# 自己為自己找到好機會

小小的改變大大的不同，好風水會帶來好運氣，這是風水的智慧，千萬別因為事小而不為，更別因為事煩而拖延。

將要進入深冬的上海南站，清晨裡在冰冷的空氣中，旅人們縮著頭，快步的穿梭在站外準備買票進入車站。天色仍然昏黑，大夥兒摸索著找尋不熟悉的進站口，我們一行五人正預備搭車要去安徽的蕪湖。

宋老闆在鋼鐵工業蕭條的這幾年，又投下了巨資在安徽開挖石礦，轉換了跑道，一切都得從頭開始。

俗語說：「萬事起頭難。」是道理，也是真實的寫照，數以千萬計的資金投入之後，沒想到問題卻是一波三折地處理不完，讓公司與礦場進入一籌莫展的狀況，尤其是礦場附近還有幾十戶的拆遷戶，非常難以協調處理，光是拆遷戶的準備金就是一筆天文數字。

礦場原先的大股東陳老總，早已經散盡家財，健康上也是每況愈下，面臨著金山銀礦的機會，看得到卻吃不到。

他將這個機會讓宋先生參與開採後，哪裡想得到大夥兒竟然會遇到這個「拆遷」的難題，沒處理好老百姓的安家拆遷，地方政府便難以准許礦場的採掘，這可是需要龐大的資金，使得一夥人在工地上坐困愁城。

中午時分，一行人來到礦區，宋先生詳細的幫我們分析，帶領著大夥兒參觀一片山地，很難想像泥土之下，滿地都是石頭。

位於礦場的辦公室有兩個入口，全都是從西面的來路進入，我在觀測後，便請他們用車輛堵住路口，禁止人車進入，改由辦公室旁邊的東南進入，陳總的辦公室也改換至另一間偏東方的房間。雖然是簡簡單單的幾句話，其實也夠他們忙上好幾天了！

今年安徽省各地水災為害嚴重，礦場方面眼看防汛狀態緊急，就將備用的石頭全數捐贈給有關單位，至少捐贈了六千噸重的防汛用土石，而且還全力提供人員車輛，不眠不休無償的幫助治理水患。

沒想到此舉讓地方百姓及官員們都對礦場的善意付出深刻感動，事後大家討論的結果，特准許他們在不危及居民安全的情況下採掘礦石。能夠採礦就有收入，這真是奇蹟式的皆大歡喜，也真是天大的好消息！

小小的改變，大大的不同，好風水會帶來好運氣，這是風水的智慧，千萬別因事小而不為，更別因事煩而拖延。原本，礦場的拆遷戶問題，在於資金太過龐大，以致讓大夥很是氣餒——畢竟，沒錢可是動彈不得啊！但是，漸次將風水弄好之後，竟然也將礦場與地方的關係變得圓滿了！不論是政府或百姓都感謝他們，准予礦場復工的機會，這是個令人雀躍的雙贏！

### 風水背後的智慧

我們的生活中，有很多事都是「小改變，大改善」，不論是環保節能、飲食健康、人際關係、生活習慣⋯⋯，風水也是一樣，有時一個小動作、小更動，就能帶來好機會、好運氣，然而，這卻需要你真正的實踐，才有機會得到喔！

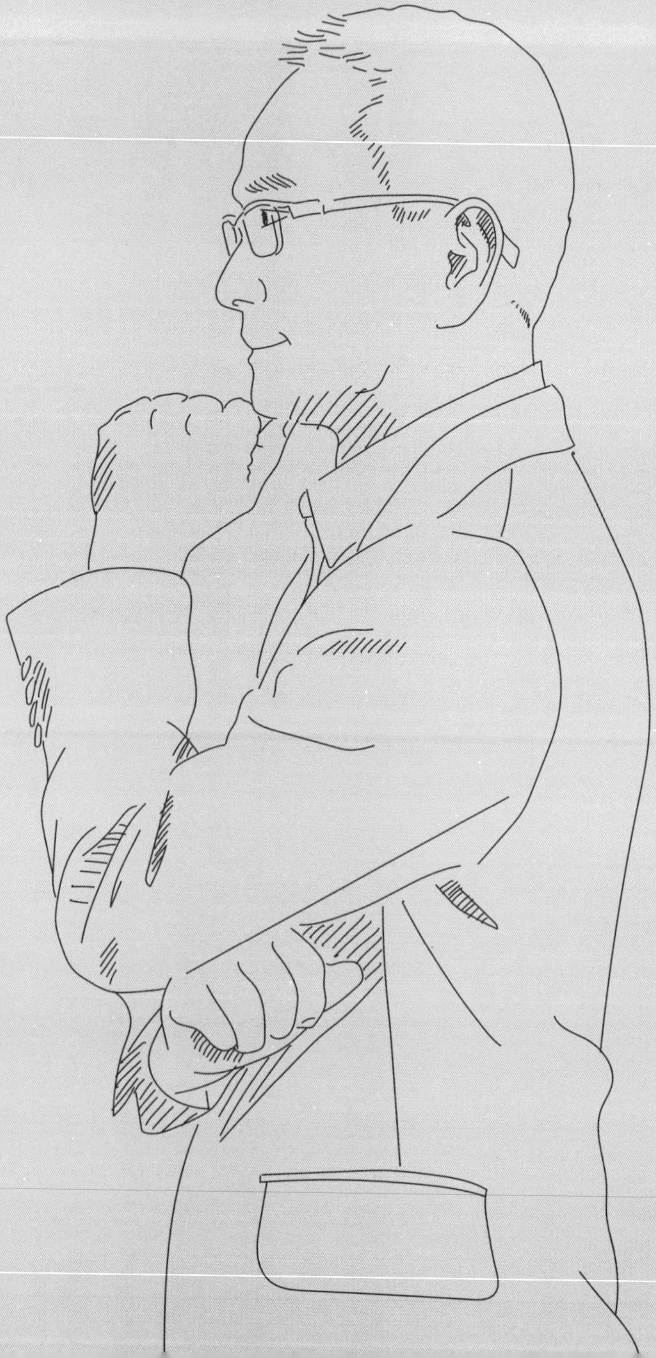

# PART 2
# 風水的那些年、那些事

他人建宅出賊寇
我的設計出富侯

- chapter 4 -

# 發人深省的風水學

# 何謂高人？

真正的高人會用精密的態度來面對風水，卻多半只會視情況提點有緣人，不會硬要爭勝，強要人聽自己的話，但也可能因為這種謙讓、慎言，而讓許多高手隱藏在人間。讓我說個故事吧！

據說，清朝大臣左宗棠很喜歡下圍棋，而且，還是箇中高手，其僚屬皆非其對手。

一天，左宗棠在微服出巡時，看見有一茅舍的橫樑上掛著匾額——「天下第一棋手」，左宗棠不服，入內與茅舍主人連弈三盤。

主人三盤皆輸，左宗棠笑道：「你可以將此匾額卸下了！」隨後，左宗棠自信滿滿、興高采烈地走了。

過沒多久，左宗棠班師回朝，又路過此處，因為好奇，便再度來到這間茅舍，沒想到「天下第一棋手」仍然掛在那裡，左宗棠又入內與主人下了三盤棋，只不過，這回左宗棠是三盤皆輸。

左宗棠大感訝異，問茅舍主人何故？

主人回答說：「上回，你有任務在身，要率兵打仗，我不能挫你的銳氣，現今，你已得勝歸來，我當然全力以赴，當仁不讓啦！」

世間真正的高手，是能勝而不一定要勝，有謙讓別人的胸襟；能贏而不一定要贏，有善解人意的意願。生活又何嘗不是如此呢？

我常常提醒年輕朋友：「如果風水老師自己都無法發富，卻能夠幫助你發富，你以為可能嗎？」這是最現實的問題，也是最實在的事情，金錢雖然不是萬能，但沒錢則是萬萬不能。多年以來，我幫助了很多人成就理想、賺得財富，所以才能有那麼多的心得、寫作出那麼多的文章，如今也有幸能具備了一些魅力，得到好朋友們的讚頌。

然而，這種成就可不是一朝一夕可以練成的。發表這些文章，是有感於風水學的偉大，也想要將風水的真實公諸於世，因為風水是人們邁向成功時，可選擇的心靈寄託與輔助工具。我寫作風水學的風格，看起來不太教學，而多以案例分享風水的奧妙與重要，但其中卻會產生不少的啟發，這一點朋友們可以慢慢感受。然而，會有這樣的分享方式，其實是來自紫微楊的啟發。

二十幾年前，因緣際會有幸看到紫微楊的數術書品，而且幾乎是廢寢忘食的認真研究。

紫微楊（楊君澤）是香港明報的前總編輯，有著深厚而紮實的五術造詣，文筆坦率豐富，拜讀他的書籍讓我受惠良多，我視為師尊卻無緣拜於門下。當年他便提到，高明的風水師，至少要能夠——

・看他人的宅房，要能夠知道前一手是賺是賠？
・幫助他人看宅，宅主未開口，也可以看出他家的情況，並且指引出方向。
・幫助他人買房，可以輕易讓業主一路成長，也可以避開禍災。

看到紫微楊的這個標準，讓當時還只是風水界新人的我羨慕不已。這個世界真的有這樣的高人嗎？我也要身入高手之林！也許，就是設立了這樣一個超高的標準，我才能有今天的小許成就。坦率的說，任何人的公司、住家，狀況愈是嚴重，大師就可以看得愈精準，也可以很輕鬆的將狀況說出來，別以為可以瞞得住高人，否則如何去設計一流的風水呢？

## 風水小叮嚀

以前常認識一些新朋友，因為不了解我的風水學，所以一聽到「風水師」三個字，都會流露出一種很奇怪，甚至輕蔑的態度。你知道嗎？在兩岸三地，「風水師」這個稱呼幾乎就是騙子的代名詞，某些風水師公然將觀眾當傻子來耍弄的行徑，讓很多人都看不下去，結果害得真正的風水大師無法出頭天，但我相信正義終將戰勝邪惡。

這種現象，其實是風水五術界長期魚目混珠、真假不分的結果，我相信風水學界有很多的前輩、高人，只是很多人過於謙虛內斂或缺乏自信，才會讓某些肖小有機可趁，矇混亂騙。

# 不論中外，山中多傳奇

每年清明的時節，很多人都將掃墓當做年後春季的大事，所以人來人往的兩岸班機，總是很難訂位。中國人秉持著祖先的傳承，以孝悌來傳家，祭祀祖先確實是最好的言教與身教。

以前還不懂巒頭理氣時，走在山上，還真是不知道一個凸出來的坟墓土堆能夠看出些什麼來？於是，每年一到清明掃墓時節，我就會到附近鄉鎮的近郊，看看掃墓的人們開什麼車子，是Benz、BMW，還是其他廠牌的車輛，事後再去印證它。

臺灣的老墓園往往都是家族型的老墓，由於歷時多年，很容易印證出好壞，所以能夠以此確認自己的風水理論是不是正確？

中部的一位朋友，原本因電子零件生意興隆，身價至少也有三、五億以上，卻不知何故在這幾年間一敗再敗，只能狼狽不堪地躲藏到廣東的一個小鄉鎮裡，後來，他的老闆跟我談到他的近況與經歷，約我跟他聊聊。

原來，他們兄弟三人在過去五年中，狀況都很糟糕，甚至身敗名裂、官司纏身，而且兄弟鬩牆已至不相往來的地步。他們似乎逃不出富不過三代的魔咒，家財、家產一敗塗地，他的大哥更是在父親過世的次年，經歷一場重大車禍，至今仍不良於行。

我請他立即回鄉拍幾張照片給我看——當然是愈清楚愈好。山中有很多神祕和無形力量，墓園尤其重要，一般人在山中說話應該謹言慎行，絕對不宜開玩笑。這點在下午的三點——也就是日落申時的那一刻——以後更加重要，切記要少在山上說話，尤忌批評話語。

他們兄弟都警覺到家運不祥，我勸他們將祖墳擇吉遷葬他處，哪知起出之後，只見土石流淹沒了先人——祖墳既有問題，也難怪他們兄弟三人的狀況每況愈下。風水的很多現象其實都很難解釋，我花了很長的時間，希望將風水導入科學，但仍然有很多事情無法解釋清楚。

此外，一位浙江南方的朋友，他家的先人算是葬在很高的山上，但前年他也是時運不濟，所以請我去老家看看祖墳妥不妥當。

結果，一到現場就發現是大凶的地方——在半山之處的陵墓，竟然也會成了「水中澤國」，很難相信吧！難怪他近期運氣會如此狼狽，所以我請他務必將墓遷移他處。

一個人在不順遂的時候，除了糊塗焦慮，遇事用人也會六神無主，荒謬到不會分辨好人、壞人，此刻想要救他，真心說：「難哪！」祖墳牽連一系列眾人的福澤，是家道興隆與否的大事，絕對不可等閒視之。

我常感嘆，一個人倘若運氣在旺的時候，祖靈很容易找到吉穴福地，如果低潮運背，縱使在半山之處做福地，仍會淹水釀禍，不覺可看出造物主的偉大，所以人必要常說好話、行善事、避惡行，替自家增福添壽。

**風水小叮嚀**

真正的風水理論，應該是求「家道興隆」、「子孫昌盛」，絕不是短線短利的只求一時之利益，所以我一再呼籲大家，在漫長的人生裡，要逐步的建立起「旺山旺向的住家好宅」，那才是一門的根基，是風水的真正智慧。

# 不可蓋圓形建築？

臺灣這幾年來的企業新聞，首推鴻海集團收購日本電器大廠Sharp的新聞了！但是，我們也驚訝的聽到另外的一個老牌日本電器大廠——東芝Toshiba，也可能被中國某一電器大廠收購。

近年來有非常多的知名大公司，不掀起一絲灰塵地消失在我們的記憶裡，例如早期的手機霸主——諾基亞（Nokia），以及當時它唯一的對手摩托羅拉（Motolola），如果現在你還有這些老手機，真可說手握老古董啦！

為什麼過去那麼不可一世的企業，會面臨倒閉或被收購的命運？那麼，現在最富可敵國的蘋果，日後會不會變成爛水果呢？

中國人向來工作認真，當老闆更是二十四小時待命，戰戰兢兢的為企業打拚，現在的中國正面臨著急速發展之後的修正，至少有六成以上的企業面臨極大的困難，尤其是資金的壓力——很多人可能沒有想到，今天員工領到工資，前一晚他的老闆正在借據上含淚簽字。

## 新普科技和Note7爆炸事件

二〇一六年年初，我在上海郊區某一個工業區看廠房，那些看起來很有朝氣的工廠，很不幸的都在不好的卦象上建廠。大部分的老闆都沒有正確的風水知識，更遇不到高人，多單憑個人的主觀看法來造廠。

這兩年來，臺灣最大的ＮＢ電池廠——新普科技在高速公路邊上建造新廠房，之前開車路過時，總會擔心它的風水問題。不過，顯然我的擔心有點多餘，建築新廠的這塊地，要是一個閱歷不足的風水師設計，應該會把坐向設計成坐南朝北，那就失誤大了！我相信，新普科技身旁有位高人，他把它變成坐西朝東，又巧妙的把宿舍大樓建築在主大樓的後方——把員工宿舍蓋在富貴線上，員工富了，老闆才會富！幫助朋友富了，自己才會富！這是鐵律，永遠不會改變。

雖然二〇一六年上半年新普科技的營收，的確是隨著全球經濟情勢的下滑表現不佳，讓人捏了一把冷汗。然而，新普向來只做最棒、最安全的手持裝置用電池，從來不去跟二線廠商搶單，更不會為了訂單降低安全品質，所以才能夠成為「全球最大消費性電池模組廠」，並連續十年保持EPS十元以上的獲利，也才能得到蘋果公司的青睞與使用。

看到新普科技的好風水，以及對產品的堅持，再對照Note7的爆炸事件，讓人不由得感歎，為人處世要做好自己的本分，不必在意短暫的成敗，這點放在風水也一樣，我就常希望朋友們把住家或公司的風水調整好，這樣機會就會向我們靠攏——住在好風水的格局上，住得愈久好運愈多，這是永不改變的鐵律！

## 圓形建築風水不吉

很多的企業在獲利連年逐漸下滑時，都會替自己解釋是大環境不好、是工資提高、是他人惡意競爭所導致……，為失敗找很多理由，就是沒想到是風水不好而導致決策錯誤，進而引領企業走向敗亡。現在世界首屈一指的手機霸主，手上掌握的美金富可敵國，它在美國加州新建企業總部，卻將它建成圓形建築——幾乎就可以判定要走向衰敗了！

我們只是個小人物，比起那顆水果，當然是微不足道，人微言輕也不必意外，但我是風水專業人才，使用的都是統計學配合玄空風水易經的祕訣之後的科學經驗，來做為風水設計的判斷。當然，我也希望果迷、果粉能夠永遠品嚐更好的水果，然而，歷史上最有名的大型圓形建築，首推義大利羅馬競技場以及福建漳州客家圓樓，從歷史發展上，我們就可以看到其結果是如何了。

我們當然不希望水果腐爛，但是當別的手機大廠虎視眈眈，等待著你犯錯的時候，蘋果就更需要虛心受教、聽納建言了！

## 風水小叮嚀

我曾經說過不要住奇形怪狀的房子，因為容易缺卦，圓形建築也是如此，而且圓形建築並不適合當辦公大樓，因為圓形建築容易使磁場錯亂，進而讓人思考行事容易荒唐、糊塗，當然，也就更不利於企業的經營。

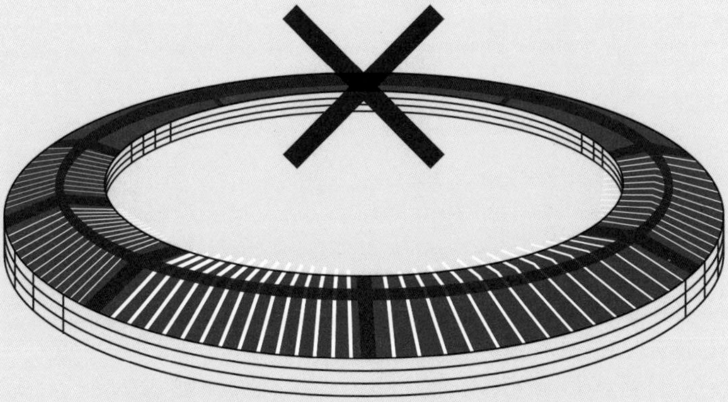

圓形建築容易使磁場錯亂，讓人思考不清，不利居住與企業經營。

# 財富的再分配

在經濟學的理論上，每五至八年就會有一次的經濟大洗牌，做一次財富的再分配，讓部分的窮人翻身，也讓一些的富豪鼻青臉腫摔下馬，在大上海的浪濤裡，這一類型的故事幾乎時時刻刻在上演。

上海的高級社區藝墅別墅，是一個人見人愛的社區。整個社區管理良好，樹木蘢蔥、花草茂盛，房屋之間的棟距寬敞，隱密性極佳，但它卻是大凶的風水，因為幾乎所有的房子都犯了「陰陽差錯」的格局。

主要的原因是它的起造線，在當初建房子的時候搞錯了，一條線錯了，就一路錯到底。住在陰陽差錯的房子裡，很容易決策錯誤、進退失序、工作乏力、財務敗落，甚至官司纏身，倒帳破產也時有所聞。在磁場不穩定的房子裡居住，會搞亂我們的思維，當然會影響決策，只是，人生能夠堪得住幾回錯呢？

風水知識

**起造線**

起造線廣泛的定義就是富貴線的一種，但起造線注重的是元運（房子的出生運），高明的大師有辦法利用擇日（非農民曆或一般的擇日）集中房子的能量，讓住進去的人運氣更旺。以我來說，就會找天清地清並有黃羅紫檀、天皇地皇星蓋照的日子，在六十至一百二十日內，必發無疑。我幫順儷建設設計的房子就非常注重元運，所以住進去的人財運都非常好，這也是個人的經驗之談。

我在上海親眼見證過無數個財富再分配的例子，古老闆和邵老闆就是最好的明證。我認識這兩位老闆的時候，他們都是商場上的大亨。

邵老闆的別墅氣派豪華，家裡也非常舒適乾淨，外面則綠草如茵，還有個小噴泉。很可惜的是，我一眼就看出這是個「騎線遊魂」的房子，住在「騎線遊魂」的房宅，就如空中樓閣，會有不穩定的狀況，就風水學而言是大凶。

我坦言告訴他，另外找房子比較好，但邵老闆事業忙碌，又非常愛這個家，所以住了四年都沒有搬走。

古老闆則是一個非常謹慎的人，他看上了一棟價值四、五千萬人民幣的大別墅。這棟別墅美侖美奐，外面花園占地寬廣，但是我發現它是出卦，也就是說，這是一棟沒有坐向的別墅，於是立即跟古老闆說：「出卦的房子不能居住，而且，它也無法更改。」

經過我的審慎說明，本來要開始裝潢別墅的古老闆打消了念頭。經過一年後，他甚至很有魄力的把價值不斐的別墅拆掉，準備以後重新再設計。古老闆表現出對我完全的信任，多年來他的事業蒸蒸日上，現在已經是一個很富裕悠閒的企業家了。

那麼，之前那位邵老闆呢？他因為生意忙碌，和我單獨談話的機會很少，所以也較不知道風水的重要性。這幾年大環境不好，景氣欠佳，一直面臨很大的資金壓力，他上個月急電告知說自己可能要破產了。兩個富豪因為對風水的認知，竟然產生了迥然不同的結果，不禁讓人唏噓不已。

很多人來到上海逐鹿中原，是因為原本以前住的老家大吉而大富大貴，但搬家到上海後反而感到處處不順遂，這往往都是住的房子出了問題。有些人會像邵老闆一樣，抱著僥倖逃避的心理，但遇到這種情況，如果不積極處理改善，很容易就被「財富再分配」的浪潮淹沒，令人惋惜！

**風水小叮嚀**

風水是會輪流轉的，但大部分的人都不知道怎麼轉，所以前輩高人會留下「福地福人居」這句話，就算是住在富貴線上，風水的好與壞仍然會轉動，會輪值，這也意味了「勝不必驕，敗也不必餒」——富貴線只是好風水的標準配備而已，其他的因素仍然必須加以注意。

## 外星人的腦袋

鴻海的董事長郭台銘曾說過一句話：「換個環境就換個腦袋。」很多人不懂他說的是什麼意思？就風水的角度來看，任何房子都有它的磁場，我們生活在這個空間裡，就會受到光波磁場的影響，導致思想發生變化——身體的化學變化受到環境因素改變的影響，進而隨之改變了思維。

有好風水的磁場，人就會變得積極上進，想法正面，身心健康；相反的，若在壞的環境裡工作，思想糊塗、行事荒唐。風水的影響實在不可小覷！

## 不同世界的外星人

在上海工作的王先生和林小姐已經分手兩年了，某天，王先生想起過去相處的美好時光，便在一個假日約林小姐一起喝咖啡。王先生這時已經是年薪幾百萬的理財專員，而林小姐也是個著名的服裝設計師，聊天之初，兩人似乎又找回昔日情懷。

但進一步交談後，王先生覺得林小姐性格更加傲慢、驕縱，比起以往，可說有過之而無不及，林小姐則認為王先生俗不可耐，除了會賺錢，一點情調也沒有。兩人彼此都感覺到愈聊愈不對——分開之後，他們倆彷彿成了不同星球的人了。王先生指責林小姐異想天開、不切實際，林小姐則認為王先生固執己見、無法理解她的想法，兩人都覺得對方是來自外太空的「外星人」。

## 國寶級的畫家張桂銘也因風水不好影響判斷

二〇一四年，中國最著名的抽象派大師，國際著名的國寶級畫家張桂銘驚聞腦溢血逝世了。

九年前，張桂銘病得很嚴重時，阿章帶我到他在上海市區淮海中路的家裡去探望，四月天正是春暖花開之際，他卻整個萎縮在客廳的椅墊上接待著我們。我沒問他生的是什麼病，仔細的看過房子後，發現他在二十一樓的住家問題真是大，必須大改，但是此時家中有人生病是不能動工的，我問張大師說：「大師，您除了這間房子之外，還有沒有別的房子？」

張桂銘的夫人代他回答說：「我們在七樓還有一間畫室。」

於是，我請夫人帶我去看七樓的畫室。這間畫室的風水相當好，所以我要他們立即搬到七樓住，而且叮嚀張大師不能回到二十一樓，這樣身體應該可以痊癒了。

過了半年多，張大師的身體漸漸康復了。我請夫人著手更改家裡的房間格局，床位也依照我的意思更動，之後的幾年，大師不但身體健康，而且聲名遠播、周遊歐洲等地，都受到各國人士無比的禮遇。

在日漸康復的一、兩年裡，張桂銘對我無比的敬重，也送了我一幅親手繪製的畫表示感謝，那可是國寶級畫家——張桂銘大師的大作，很多人捧著錢排隊想買他的畫都不可得呢！

只是，他身體狀況愈來愈好，就漸漸忘了過去的不好，兩年後，我們就愈來愈少連絡了。

反正他也不必付我顧問費，表面上是省下了一筆開銷，但付出的卻是難以挽回的代價。

有一次去杭州時，我還請阿章去叮囑他要移床位，他的床位設在他家中的西北方，而那年西北方大凶。過沒多久，我和阿莉聊天時也聊到張桂銘，談到他家的床位該變了，但他似乎並未積極採納我的意見，最終的訊息是，張大師不幸於二〇一四年逝世了。

張桂銘是個名人，但我不喜歡拿著熱臉依附他人，所以也就沒有再多說些什麼。

人生在世不可以現實，不能用完就丟，要珍惜情誼。多年來，我看過很多人際關係的現實，很多人只是想利用我，只能感嘆那些自認聰明的人短視了。

連國寶級的畫家都因風水不好的關係而影響了思維判斷，我們還能不重視風水嗎？

## 風水小叮嚀

天地間難免都有神煞，所以我們必須常常積累德氣，遇煞之時才有正氣可以幫助我們趨吉避凶，當然，同樣的煞星在吉宅與不好的房子之間還是有差異，風水好宅煞氣來時比較輕微，倘若宅弱遇煞，那可不是玩笑的事。

尤其是家中的床位或是辦公室有這些煞星飛進來時，所爆發的傷害往往極大，所以才呼籲大眾要重視風水。

# 富豪面臨的恐慌與敗落

臺灣長期性的股市低迷，平均成交值持續的低量環境，再加上近年來的房市不振，許多上市櫃富豪級的人士內心的恐慌，是很多人難以體會的。多數人都以為有錢人應該很快樂。其實，愈是有錢就愈容易玩得大，所產生的金錢壓力與痛苦，比很多人想像的大太多了！

來到黎老闆位於忠孝東路上的辦公室，我習慣性的告訴他：「我說話很直，不會打折扣喔！」

談風水，本來就應該直言不諱，很多人對風水學一知半解又誤解，以為擺放水晶洞、放些貔貅就是風水學了。

其實，風水學就是一種算命術，本來就可以鐵口直斷，就算是黎老闆什麼都不說，我也可以看出個十之八、九。

## 辦公室風水不好，瀕臨恐慌症的邊緣

黎老闆的辦公室風水很不好，滿坑谷的風水用品佈滿了整間辦公室，環顧一圈都是密宗的旗幟，你想得到的風水制煞用品，在這裡幾乎都可以找得到。

黎老闆近年來因股票的「質押」又一再補款，狀況很嚴重，買到的兩戶豪宅又高價套牢，不但賠了二、三成，甚至無法出售（超過二億以上的豪宅市場，目前幾乎沒什麼買賣），再加上其他的支出，他幾乎瀕臨恐慌症的邊緣了。

我給了他脫困方法，可是半個月過去，一點音訊也沒有，這表示他的決心不夠。居住環境的風水不吉，住在裡面的人穩定性一定也有問題，遇事只會推、拖、拉或找理由，若再加上僥倖心理，很容易就成了「財富再分配」的主角。

## 一朝得志後，官司卻纏身

二〇一五年年初，上海股市上漲能量極為強烈，朋友們趁我在上海的時候一起喝茶閑聊，我當時當著大家的面警告說：「今年要很小心，官非、破財、麻煩等等的事將非常多！」

二〇一五年五月中，上證指數已經漲到四千五百點附近，所以才請朋友們要小心。這其實是有所本的，上海大部分大樓型式的建築都設計為南北向，南北向的房子上了樓之後，往往又分為東西兩戶人家，這就不能不小心了！

關鍵就是那年東、西兩面大凶，紫白飛星東方是三震木，西方是七兌金，這兩個方位若是飛進煞星，必惹來事端。倘若是坐西朝東的房子，開東面門就是三飛入，只要是七兌星飛入，就是「三七疊臨，必主官非破財」。假如是坐東朝西的房子，那就更要小心了！這種格局必定是開三種方向的大門——西北、西面、西南，當年的重煞五黃星輪值飛到正西方，如果大門開在西方，運氣好一點的「破財消災」，否則多半會惹來傷身，且不利健康——無論結果如何，總是帶來麻煩。

七年前，我在上海認識了一位富人。他頗為高調，不太理睬身邊的人，我卻對他產生好奇，於是抱持著研究的心態去佳邸別墅看看他的房子，結果發現是

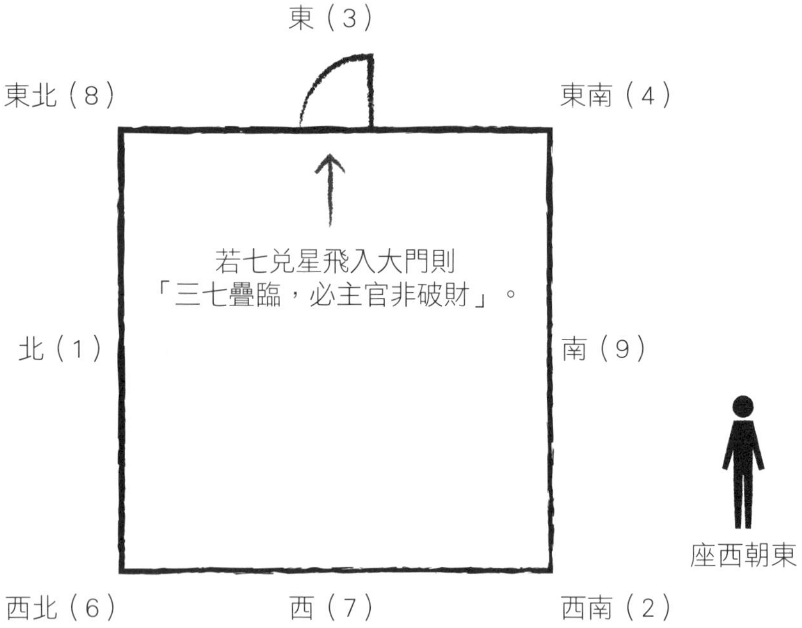


坐西朝東開東面大門的住宅，若恰逢七兑星飛入大門，要小心「三七疊臨，必主官非破財」。

「三七疊臨，必主官非」的房子。我和宅主不熟，便請介紹我們認識的張老闆轉告他，只是那位人士鴻運當頭，僅一笑置之。

不多久，就聽聞他在外地生病，回到家的次年官司就纏身了！這就是「三遇七臨生病，那知病癒遭官」的效應。

玄空風水已經可以用物理太陽光學的角度，漸漸剝開它一部分神祕的面紗，但也有很多的事情尚且無法解釋，朋友們可以將它看成是統計學，用來趨吉避凶，更好的還可以發家發富——很多人會出事，其實就是一朝得志，態度高傲不肯禮賢下士所致。

## 風水小叮嚀

我的風水理論講究的是科學，它離不開陽光、空氣、水，一直以來，我都希望大家不要太迷信。很多人存著僥倖的心理，才會去擺放風水用品，其實倘若風水有問題，而且不可更改，最好的方法就是換個地點才是上策。

風水學的化煞解運，只有一部分的效果，並非什麼事都解得開，最好就是住在風水較好、麻煩最少的房子，那是最保險的方法！

很多人都以為風水可以解難，其實最正確的應該是它可以預測，並拿來預防，最好的化煞方法應該是趨吉避凶。

# 真實在人間的風水布施

五術之道非常重視人品，也要經得起考驗，所以我的朋友跟隨我的情誼都非常長久，通常都有十年、二十年的交誼，三十年的朋友更是不意外，待人以誠福自來，多年來和我交誼深耕的好友，幾乎個個成富、家庭美滿，我也在這些好友身上得到很多風水的成功見證，這是我的好福氣。

十三年前去看榮城的家，便坦白的跟他說，住在他這個社區的數十戶人家沒一個富人，也不可能成富。榮城夫妻當年已經三十五歲，也坦承毫無積蓄，請教我應該怎麼辦？榮城的父親是地方上口碑甚好的民意代表，而且連任三十年，是地方上人緣極佳、眾望所歸的主席，誰也沒有想到，出身地方大家族的榮城竟然阮囊羞澀、口袋空空。

榮城與素珍夫妻倆行事非常務實，請教我如何成功致富，我也坦白告訴他，只有找到好風水的房子才有可能翻身。也許是痛苦很多年了，夫妻倆每週都認真的去找好風水的房子，當時他們的預算不高，我們也找遍了中壢、平鎮、楊梅、埔心、龍潭、大溪等等的鄉鎮，花了將近半年的時間，才找到一間風水極佳又算便宜的住家！坦白說，當年這戶房子雖然售價不到新臺幣六百萬元，但對榮城來說，仍是很大的壓力，但自從搬到新家之後，就像奇蹟似的，他們一路平步青雲，順遂發達。

這些年來，他們換了工作，也開設了道路工程公司，兩年後又買下現在公司的那塊土地，現在土地上滿坑滿谷的車輛和機具……，可以看出已經是相當具有規模的公司了！

榮城夫妻鶼鰈情深，行事非常積極正面，平日樂於助人，也很懂得感恩，經常跟我敘述他最感恩的三個人：徐步盛的提拔、邱權樟的傾囊相授，以及我的風水助益。

八年前，榮城的表弟陳建元本來要委託我買現在我住家的這個社區，但是當時這個社區價格頗高，只能作罷放棄！然而，建元的住家是個卦象不好的度數，我極力建議他們搬家，但一家子人口眾多，搬家不易，過沒多久，就忘了要換房子這回事了！最近，建元身體有恙——罹患舌癌，但他是個正面樂觀、做事積極的人，手術完成後我便鼓勵他搬離老家——只要住在好風水的房子，好運才會找上門來；就算是租到好風水的房子，也是給自己最好的機會。

人生在世誰都可能遇到苦難，只有勇敢去做改變，才能邁出不凡的人生方向。建元當年沒買的房子，後來是我買了，七、八年下來，人生竟如此天差地遠，真是讓我感慨萬千哪！

### 風水小叮嚀

二十多年來，我在風水學上創造了無數的傳奇，卻常常為了擔心讓好友們的名字曝光，不敢具名詳細述說傳奇的過程，而感到寫作起來綁手綁腳，跳脫不出那些框架。這樣總不是個辦法，所以只好請好友們莫見怪了，這些都是真實的故事，其實能夠詳細布施真實的過程，也是了不起的功德。

# 家裡的神位，要供奉在哪裡？

華人社會總是帶著崇敬、善良、孝親的美德，過著守法守分的生活，對神明心懷崇敬與感恩，這也給予社會無形的律法，讓大家不敢逾越道德，講究人情道理不輸於法律。

很多人自古以來都有在家供奉神明的家規與習慣，這種家訓在華人圈極為重視也極為盛行，尤其在台灣、福建、廣東、香港，甚至泰國、馬來西亞、新加坡、印尼等地。正因為很多人會在家裡或在公司工廠供奉神佛神位，但多數人其實都不知道要將神明供奉在家裡的哪個方位，才是最恰當的所在。

## 神佛不同，神明廳的位置也有不同考量

風水學其實也很重視神明廳的位置，基本上要以寧靜方為主，不宜供奉在

吵鬧喧囂的場所，各地方所信仰的神佛，也要有不同的要求。舉例來說，供奉媽祖娘娘，應該以神像朝大海的方向為宜。

又如供奉關帝君關老爺的面應該朝向西方，不能朝向東方——關帝爺是西蜀大將，卻是在荊州敗退時被東吳大都督所殺，所以他心向西蜀的大哥劉備，為表現他的忠義，所以神位向西為佳。

此外，也要重視關帝爺的神像，個人以為關帝爺以拿大刀，自信又傲氣的型態最為威武，最適用在供拜，此時正是他得意的時候。

反過來說，切莫用夜讀《春秋》的關帝爺，這是他最不得志之時，而且武將無刀也難顯威武。

## 供奉神明神位不能勉強

出卦或是陰陽差錯的陽宅，其實並不適合供奉神明，倘若供奉神明，有時候神明的靈驗性會準確到令人恐懼的地步，還是減少一份麻煩比較好。

隨著房價的飆漲，現代人的房子愈來愈小，想要找尋個好地方供神或供放祖先牌位都頗為費神。

所以，我便常常勸阻部分朋友，不如常常去廟宇拜拜吧！不必非要在家供奉不可，倘若家裡太小不夠寬闊，也別讓菩薩跟著自己受委屈，這才是正理，這一點提供朋友們參考。

## 風水小叮嚀

風水學家將房子的八方，利用五行八卦的生剋關係，衍生出生氣、旺氣、殺氣、退氣、死氣等吉凶方，所以風水學將神佛或祖先的牌位，都會置放供奉在生旺氣方。

而以我長期以來的觀察，也是以供奉在生旺氣方為最佳位置，因為人有肉身可以壓煞，因此可以住殺氣方，但是神明祖先沒有肉身，便不宜供奉在殺氣方。

此外，四綠文曲星本來就是大吉星，但要注意文曲四綠最懼佛菩薩，亦不宜安放大神，若是密宗佛堂則無礙，因為密宗佛堂統管五部，四綠文曲歸類為護法部。

我們可以這麼説，佛堂、神位都是憑你的信仰而定，也因此而有不同的風水位置。

# 理氣是風水學精髓，紫白是靈魂

有時候，我會在風水上加個三十分，雖然看起來只有三十分，但卻千萬不能小看，因為這個三十分，也許就是扭轉乾坤最重要的轉折點了！

很多人在設廠的時候，都會依照自己的想法來設計，但如果自己的運氣恰恰不甚如意，就會朝向負面虧損的方向傾斜，導致狀況逐漸嚴重。

下頁圖中的這個小型加工廠，可能很多人都會認為開龍門為入口才是對的（左青龍右白虎），可以有一小塊土地來停車，那更是方便利用，哪知恰恰相反，這就是二五到門，必主宅主困窘破財還兼病痛。事實上，工廠老闆設廠七年以來，有利可圖的工作和訂單總是不來，倒是小工程、小訂單絡繹不絕，每個月結算總是入不敷出，白忙一場，虧損連連。

風水的運用當然是以巒頭的利用最重要，巒頭就是地形、地貌的運用，高

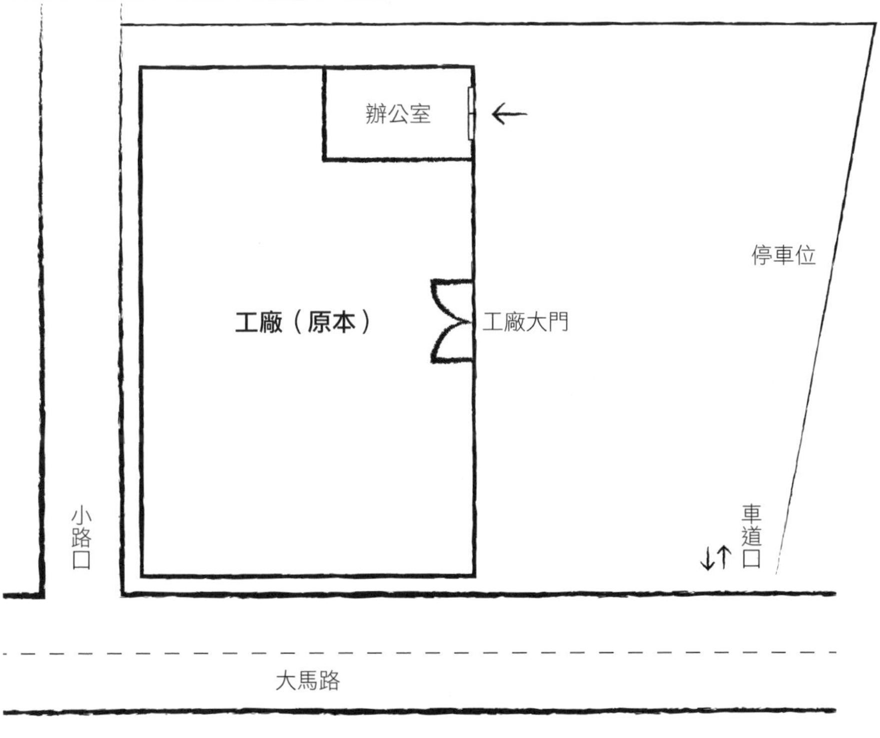


開龍門，反而遇到二五到門，主宅主困窘破財兼病痛。

明的風水師會運用地形的高低起伏來定坐向，這種的設計往往會決定一家公司的成敗，利潤的優劣當然也盡在其中了！

此外，都市裡的大樓、公園或路口，都是風水師所說的巒頭，甚至大門的花園景觀——俗稱的「明堂」，也是在巒頭的範圍內。

我們還常常聽到「巒頭理氣」四個字，那麼，理氣又是怎麼一回事呢？理氣其中的一部分就是宅運的運用。理氣必須知道現在是三元九運的哪一個運，也要懂得八卦、九星的飛盤，而且各門各派各有自己的心得，當然其中必然有真有假，妙的是，部分的老師自己也分辨不出真偽，這也讓我以前走了很多冤枉路。

真正的風水學，還要佐以流年運勢來定坐向並更改氣場，很多人會覺得很麻煩，但我覺得必須先扭轉局勢，把不賺錢改善為有盈餘，工廠老闆的自信心才會提升——有賺錢了，事業才會愈做愈起勁。

因此，這就得仰賴宅運的理氣，將它變得通順，這也就是風水大師——蔣大鴻先師，被人尊稱為「地仙」的原因！

我將工廠做了頗大的更動，連辦公室的坐向位置也完全改變，我的用意

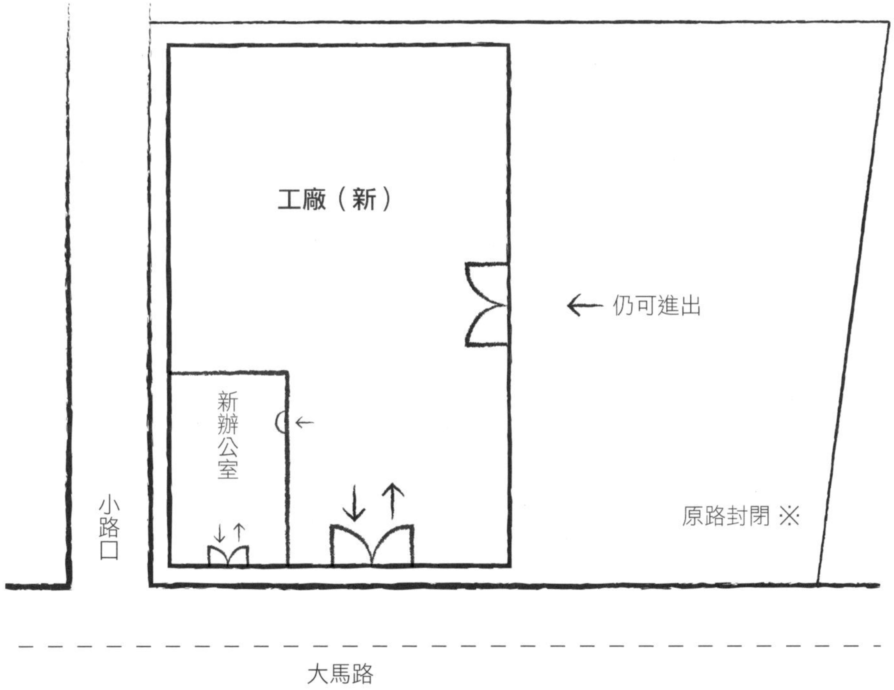


改動辦公室的坐向、工廠大門門……等，以期能帶給工廠新的希望。

是，至少也要奮力一搏給自己一個機會，否則持續經營不善只剩關門一途，往後一家老小怎麼辦呢？

這個建議當然是仔細又仔細，小心又小心才做出來的決定，工廠已經連年虧損，上天只給有決心有毅力的人好機會，信我得福，大膽做吧！

### 風水小叮嚀

利用巒頭定好能賺錢的坐向，並理氣讓宅運通順，每個細節都必須小心規劃，最好能夠在設廠前就列入考量，幫助未來有好的發展。

# 孤寡的房子，常常也代表家運的衰落

二〇一六好萊塢巨星布萊德彼特與安潔莉娜裘莉準備離婚的新聞，是那天起床接觸到的第一個新聞，二〇一七年這個桃花年，總是給很多俊男美女無限的想像與機會，只是桃花可是有好有壞，總是讓人又愛又恨。

說到桃花，很多的房子其實都帶有很濃的「孤寡味」，但很多人都對這種現象習以為常、不以為意。事實上，從風水的角度來看，「孤寡」這種型態就代表著不正常，同時，它也常常代表著家運的衰落。

黃小姐和媽媽居住的老宅是一棟透天的房子，五十出頭的媽媽其實外型還算年輕漂亮，為人也熱情正面，可是從老祖母以來，大舅與小舅就對這個家毫無責任。好多年前，老祖母就帶著家族無後的遺憾離世了。

我在宅外張開羅盤，測測這個房子的坐向與它的卦象，之後，一踏進屋內，便看出它的不妥。這個坐東北向西南的艮宅，不論是大門或黃小姐母女的床位都沒有錯，可是這個房子卻不會富，也必然孤寡。

中國古代風水學的前輩高人賦予八宅各有其五行——各宅依照坐向自然形成，並給予金、木、水、火、土的五行，這宅屋的五行，金未必就是金，水亦未必就是水，它是意象也都有個相生相剋的顏色，所以各種各樣的房子，都有它懼怕的顏色。

黃小姐的家，數十年前便將地板及樓梯都使用淺綠色，甚至家裡很多的布置也都使用綠色步調，這可是大大的不吉，坐東北朝西南的艮宅最忌綠色系，紫白訣有一句話：「四綠固號文昌，然八會四小口隕生。」正是這一類房子發生問題的寫照，也就是說——「此宅不利小口，不發男丁」。

風水學的磁場來自太陽的光波，並不是地磁，陽光中的光芒具有顏色的波長，黃小姐一家因為房宅波長受到壓制，導致其母舅對家庭不聞不問，也讓家庭經濟難以發展，數十年來付出的代價太大了！倘若不加以更改，恐怕近三十歲的黃小姐，婚嫁姻緣也將變得遙遙無期，那可就太冤枉了！

## 風水小叮嚀

也許有人會對一些風水現象不以為然，覺得有那麼嚴重嗎？然而，真正的風水可是經過很長時間統計，所產生出來的結論，相當有其可信度和準確度。

我常常認為中國風水學的內涵絕對可以超越諾貝爾獎的價值，但如今其地位如此之低，甚至被人誤解，主要還是整個社會魚目混珠、真假不分所導致的結果，實在令人遺憾！

# PART 3
# 早知道會更好的風水知識

窮算命
富風水

- chapter 5 -

# 幸福人生的風水關鍵字

1 婚姻、愛情

2 健康、運氣

3 功名、富貴

玄空風水經常會使用的訣法，這是二顆星、三顆星或甚至四顆星組合成的，非常準確。

## 婚姻、愛情

♥ **震之聲，巽之色，向背當明：**此句出自《飛星賦》，意指同性之愛，即現在的同性戀，古人也有「向背」的情況，金庸大師小說所描述的東方不敗，後來被電影改編成一個癡愛令狐冲的形象，可說是個很特別的詮釋。

♥ **風火益財婦人寡：**此句出自《瑤鞭賦》，坐南朝北的離宅，絕對不可以在九宮飛星中的四飛星入中宮的那年建造房子，八卦的離卦數字代表九，四九飛星同入中宮，男人就會陽痿，大大不利夫妻感情。這也代表夫妻很少敦倫，或夫婦不喜同床。

♥ **陰陽相見，遇冤仇而反無冤：**「一白九紫同化，能化冤仇」、「離壬合子癸，喜產多勇」。

# 健康、運氣

✚**二主宅母多病，黑逢黃出鰥夫：**此句出自《紫白訣》，若宅之二黑遇流年五黃同到，稱為「黑遇黃」，乃陽壓陰，主出鰥夫（即男人死了妻子）。此外，這也是腸道出狀況的一種現象。

✚**三遇七臨生病，那知病癒遭官：**此句出自《紫白訣》，三碧為震，七赤為兌，三遇七，宅主容易生病，病癒後大多會惹來官非。

✚**青樓染疾，只因七弼同黃：**此句出自《飛星賦》，我認為這是性病，甚至AIDS都有可能。

✚**火燒天而張牙相鬥：**此句出自《玄空祕旨》，指的是九六相逢，家中易生忤逆之子——宅居倘若破局，子女必然不孝。或不生男丁，古人認為無後則不孝，現代社會尚可接受。

✚**四綠固號文昌，然八會四，而小口殞生；三八之逢更惡：**此句出自《紫白訣》，指小孩重症，或近期流行的腸病毒都是。很多兒童的心臟病、糖尿病等，我認為都可以堤防、避開。

## 功名、富貴

$ **一四同宮，必主科名：**一白為官星之處，主文章詞科，四綠為文昌之神，所以一四同宮，意思是大門或床位安在此處，必有利於功名。

$ **科名之顯，貪狼星入巽宮：**貪狼是紫微斗數的主星，亦被風水學引用。

$ **二八相逢，田連仟陌：**二黑逢八白，會有多田地的現象。若床位設在二八相逢之處，大利財富增加；此訣常於董事長辦公室使用。

$ **輔弼相輝，田園富盛，子孩繁衍：**此句出自《玄空祕旨》，九紫八白相逢於旺山旺向，必然出富。九八相逢也有利於再婚男女之擇偶，唯需四綠飛臨才有助益。

- chapter 6 -

# 大家都想知道的風水Q & A

## Q1

**大師有提過到房子缺角不好（缺卦），但坊間書寫到，在缺角處放幸運竹、金鐘、陶瓷等用品改善，這樣對嗎？若是錯的，那缺卦房子一定要改建才行嗎？有沒有其他補救方法？**

幸運竹、金鐘、陶瓷等用品起不了作用，最好的方式就是改建或是把缺卦的地方補起來。

## Q2

**屋頂的形狀也會影響風水嗎？如三角形屋頂、平坦的屋頂……，屋頂的選擇有沒有宜忌？**

屋頂的形狀基本不會影響，從美國、歐洲，或是印度、東南亞，每個國家的屋頂形狀可能都不同，但世界各地還是有很多富豪。

## Q3

**大師提過祖墳風水要好，有很大一個原因是分金線，請問除了分金線，還有沒有其他重要因素是判斷祖墳風水好的條件？**

祖墳好風水所要考慮的因素實在太多，就拿一個美女的條件來說好了，從外貌、內涵、談吐、儀表等種種條件，一個美女往往不能十全十美，所以祖墳的風水往往不能達到一百分，甚至九十分，所以能達到八十分就很好了，不一定要求到特別高分。祖墳有很多條件，其中一個比較神祕的說法就是巒頭理氣，但巒頭理氣無法用言語解釋，只能憑豐富的經驗判斷。

## Q4

## 除了二五到門，門在風水上還有其他的忌諱嗎？像樓梯不要對門、母子門、屋後無門、臥室門不要對廁所門等說法對嗎？

樓梯不要對門、母子門都無所謂，沒什麼關係，但是屋後無門就很嚴重，一旦大門出事就走投無路，臥室門不要對廁所門是對的，因為會有穢氣。

## Q5

## 聽說好風水大多是山環水抱，此說正確嗎？

此說是對的，臺北盆地就是山環水抱，尤其是大城市，更是不能沒有水，無論是溫哥華、東京、紐約、倫敦、巴黎、廣州、上海、曼谷，這些都是有河的大都市，但水過多則氾濫，也有缺點，有時反而會變得很嚴重。

新北市某一很大的墓園區，看似三面臨山、居高臨下，也似山環水抱，卻是大凶，主因在巒頭有異狀，山形猙獰，太多高壓電、古松、出水口、門路沖，均屬不吉。

Q6

## 家裡的風水重要，那麼屋外的風水也重要嗎？

這是當然的，我舉例順儷建設的維多利亞社區，外面的花圃整理得非常漂亮、整齊，家家戶戶都捨得花錢整修，牆壁也粉刷得煥然一新，明堂相當秀麗，同時也造成房屋價值變高，這就是創造價值，一戶難求。再舉一個相反的例子，我看過的某個社區在風水上即大打折扣，當中有幾戶人家小氣、自私，各自為政，花圃也是凌亂不堪，讓人看了就不想進去，更遑論進去住了。

屋外的風水也需判斷紫白飛星，而屋外的紫白飛星和屋內的紫白飛星飛法不同，這需要高人才可以判斷，這是非常重要又非常專業的判斷法。

但我可以給大眾一些簡單判斷屋外風水的禁忌，像花園洋房不宜在外面放畸形巨石、枯木、出水口（例如庭園的出水口正對家裡）、大型電線桿。

## Q7

### 房子的樓層是否也會影響風水，如果是，該如何選擇吉利的樓層？

用居住的人的命卦屬性，來找相生相合的樓層，不要找相剋的樓層。

## Q8

### 如果一個老闆要開公司，他要替公司選址，應該運用何種風水格局的考量來選址？

要替一間公司選址考慮的因素太多，我專研這個風水學問已經數十年，每一家公司的考量點均不同，得要看合作的公司再做判斷。

## Q9

### 有沒有哪些風水格局會導致失業的？

用這句話來形容最貼切了：「苟無生氣之門，糧艱一宿。」假如不幸住到這樣的風水格局，連吃飯都有問題，當然就容易失業。

## Q10

### 居家布置也會影響風水嗎？如果是，在居家布置上有何宜忌？

主要在床單、窗簾顏色的運用，例如坐北朝南時，不宜用黃色、土黃色，土剋水大不利。

## Q11

**假如我家是透天厝，一樓車庫上面的二樓對應位置，有沒有什麼忌諱需注意？比方說，不能當睡房或是其他什麼的？**

透天厝沒有什麼忌諱，但是大樓車道上面那一樓最好不要住人或當辦公室，建議當公共設施。

## Q12

**透天厝不同樓層，畫成九宮格，風水格局一樣嗎？一樓的風水好壞和二樓會大致一樣嗎？**

一樓和二樓風水通常差距不大。但是住在同樣的風水裡，懂得趨吉避凶的人家運當然會更好。所以同一社區鄰居之間，成就表現即有所不同，差異只在會不會使用而已。

## Q13

**陽宅風水中所謂的坐向要如何辨別？以住家進出口大門作為陽宅的**

**坐向，這樣正確嗎？**

正確。坐向即指以自己住家的門為向，後面為「坐」。

## Q14

**臥室裡床的位置真的不能放在窗戶下面嗎？另外，臥室布置有沒有什麼禁忌？**

床放在窗下並無關係，臥室內布置則不宜設置負面圖片，例如可怕的卡通圖案、魔鬼等等，會有負面效應。

## Q15

**如果要變更室內格局，應該注意哪些事項？**

主要在床、灶、顏色，及明亮度。

## Q16

**有人說廁所屬水、廚房屬火，這在風水上有什麼要注意的地方呢？**

火生土，火剋金，所以不宜將廚房設在金（西方）、陽金（西北），那是相剋的。

Joyful
Life
07

富人講究

穴身大
將起

右錄吳海先生風水句
歲在乙未大暑八荒書

Joyful
Life
07